수작부리기의
코바늘
손뜨개
기초

수작부리기의
코바늘 손뜨개 기초

지은이 윤한샘
펴낸이 정규도
펴낸곳 황금시간

초판 1쇄 발행 2017년 12월 29일
초판 3쇄 발행 2020년 12월 28일

편집 신소연 김지하 권명희
디자인 ALL design group
사진 김문규
도안 일러스트 윤한샘 정영경
뜨개법 일러스트 이순영 정영경

황금시간
Golden Time
주소 경기도 파주시 문발로 211
전화 (02)736-2031(내선 360)
팩스 (02)738-1713

출판등록 제406-2007-00002호
공급처 (주)다락원
구입문의 전화: (02)736-2031(내선 250~252)
          팩스: (02)732-2037

Copyright © 2017, 윤한샘

값 15,800원
ISBN 979-11-87100-50-8 13590

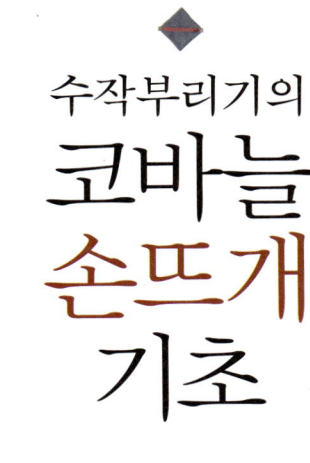

수작부리기의
코바늘
손뜨개
기초

—— 윤한샘 지음 ——

황금시간

대학교에 막 입학하자마자 모아두었던 용돈으로 무척 갖고 싶었던 휴대용 CD 플레이어를 구입했어요. 동그란 무광의 블랙 보디가 어찌나 멋지던지⋯⋯. 흠집 하나 생기지 않도록 애지중지 휴대해야 했기에, 처음으로 손뜨개 케이스를 만들어보기로 했어요.

무작정 마음에 드는 컬러의 실을 몇 볼 사가지고 집으로 왔어요. 뜨개 기호도 모르는 까막눈에 어떻게 첫 코를 뜨는지도 모르는 채로 한참 실과의 사투를 벌였습니다. 보다 못한 엄마가 도와주셨지만 그걸 그대로 이어받아 뜨기도 어려웠습니다. 왼손잡이였기 때문입니다. 도안 그대로 뜨는 것도 헷갈리는데 뜨는 방향까지 반대이니 제 첫 뜨개질은 무척 험난했습니다. 그래도 풀고 다시 뜨고를 몇 번 반복하다가 결국 완성을 했고, 뜨개 커버가 헤지도록 휴대하고 다녔지요. 한동안 잊고 지내다가 얼마 전 그때 떴던 CD 플레이어 케이스를 발견했어요. 어찌나 웃음이 나던지. 코 늘림도 엉망인데다가 굵기도 들쑥날쑥했거든요. 그래도 좋다고 꽤나 오랫동안 즐겨 사용했던 기억이 납니다.

그 후로 정확한 뜨개 법을 익히기까지 오랜 시간이 지났습니다. 사실 지금도 제 손에 익은 기법이 가장 정확하다고는 단정짓지 못하겠어요. 다만 수많은 실패를 거듭해온 만큼 조금 더 예쁘고 완성도 있는 결과물을 위한 저만의 노하우를 차곡차곡 모아왔다고는 말할 수 있을 것 같습니다.

코바늘 뜨개에는 어려운 기법도 참 많지요. 그런데 저는 어려운 기법을 넣은 뜨개가 쉬운 기법으로 이루어진 편물보다 훨씬 예쁘다고 생각하지는 않아요. 오히려 어떻게 배색하는지, 또 어떤 방법으로 마무리를 짓고, 어떤 부자재로 포인트를 주는지가 작품의 성격을 결정짓는다고 생각합니다. 코바늘의 가장 쉬운 기법 몇 가지만 제대로 익힌다면, 뜨고 싶은 유용한 소품들을 모두 만들 수가 있어요.

실의 색상과 소재를 다양하게 사용해보세요. 여러 가지 실을 합사하고 조색하며 나만의 색상과 질감을 만들어 내는 기쁨을 함께 누려보았으면 좋겠습니다. 나만의 감각으로 소중한 소품을 만들어 곁에 두고 오래 사용할 수 있도록, 이 책이 코바늘 손뜨개에 입문하시는 초보 분들께 유용한 지침서가 되길 바랍니다.

윤한샘

CONTENTS

① 코바늘뜨기 기초

② 사각 모티브 응용 작품

모티브 한 조각 포인트 조끼
32

경쾌한 파스텔톤 블랭킷
36

오리엔탈 느낌의 블랭킷
40

크리미한 쁘띠 블랭킷
44

귀여운 다용도 지갑
48

노트북 케이스
54

모티브 조각 이불
60

조각조각 조각보
64

스물두 조각 가방
68

추억의 테트리스 블랭킷
74

중후한 매력의
크로스 포인트 블랭킷
78

기모노 느낌의 카디건
84

③ 원 모티브 응용 작품

1 코바늘뜨기 기초

도구와 재료 소개

1 **뜨개실** 뜨개실의 종류나 두께에 따라 작품의 크기가 달라지는데 이 책에서는 보통 모사, 면사, 울사 등의 두께가 있는 실을 사용한다.

2 **코바늘** 코바늘은 모사용과 레이스용으로 나뉘는데, 이 책에서는 울사, 모사, 면사 등의 두께가 있는 실을 사용하기 때문에 모사용 코바늘을 사용한다. 실의 두께에 따라 사용하는 코바늘의 호수도 달라진다.

3 **돗바늘** 편물을 연결할 때 사용한다.

4 **가위** 뜨개실이나 펠트지를 자를 때 사용한다.

뜨개 용어

사슬코

사슬뜨기 뜨개법으로 뜨고 난 후 생기는 코를 사슬코라고 한다. 사슬코에는 겉과 안이 있다. 겉면에 보이는 V자 모양(반코 2개)과 안면 중앙에 있는 코산 모두를 가리켜 사슬코라고 부른다.

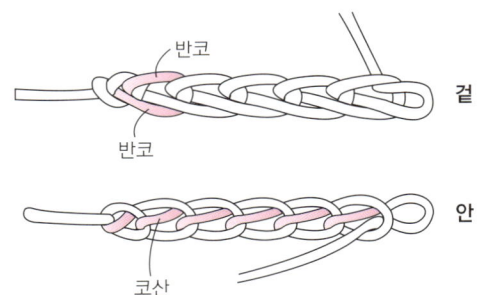

반코

반코

겉

코산

안

코의 머리

사진처럼 V자 모양의 코를 '코의 머리'
라고 한다. 줄여서 머리코라고 부르기
도 한다.

사각 모티브

원 모티브

기둥코

코바늘 뜨개는 뜨개코에 따라서 단의 높이가 달라진다. 뜨개의 시작 지점에서 뜨개코를 떠서 높이를 맞추는데, 이 뜨개코를 기둥코
라고 한다. 이 기둥코는 사슬뜨기로 뜨고 뜨개코의 길이만큼 떠서 높이를 맞춘다. 기둥코는 1코로 계산하고 짧은뜨기의 기둥코는
콧수에 포함하지 않는다.

빼뜨기는 높이가 없으므로
기둥코를 뜨지 않는다.

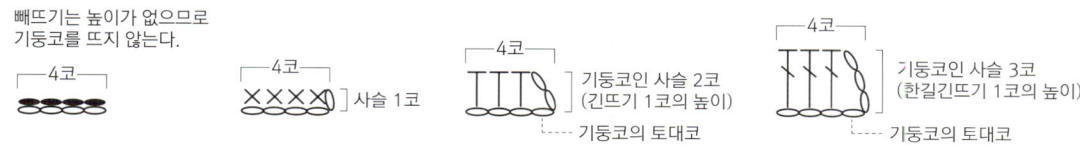

사슬 1코

기둥코인 사슬 2코
(긴뜨기 1코의 높이)

기둥코의 토대코

기둥코인 사슬 3코
(한길긴뜨기 1코의 높이)

기둥코의 토대코

코의 높이

코바늘 뜨개의 뜨개코는 모두 일정한 높이를 가지고 있다(사슬뜨기와 빼뜨기 제외).
사슬뜨기 1코를 기준으로 뜨개코의 높이는 그림과 같다.

3코
2코
1코

빼뜨기   짧은뜨기   한길긴뜨기

사슬뜨기   긴뜨기

뜨개 기호 보는 법

뜨개 기호는 뜨개 편물의 모양을 보기 편하게 기호화한 것이다. 어디에 바늘을 넣고, 어떤 순서로 떠야 하는지 보기 편하게 알려준다.

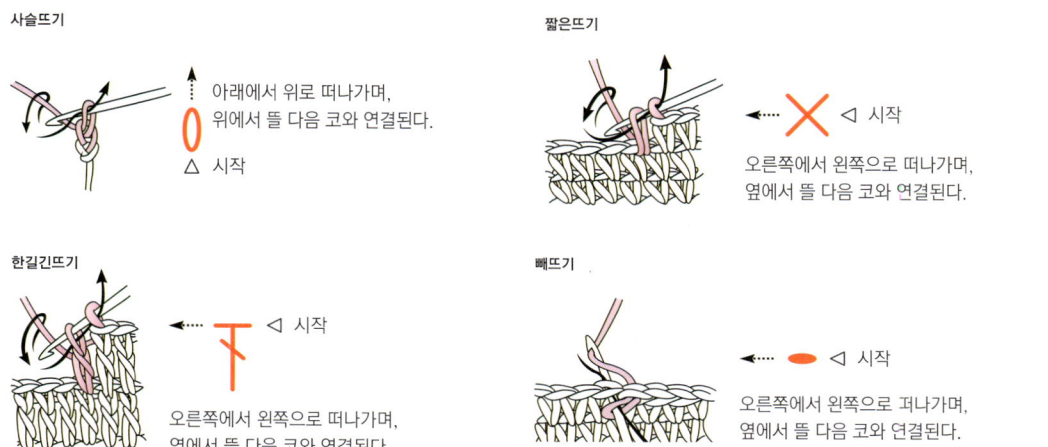

사슬뜨기

아래에서 위로 떠나가며,
위에서 뜰 다음 코와 연결된다.

△ 시작

짧은뜨기

◁ 시작

오른쪽에서 왼쪽으로 떠나가며,
옆에서 뜰 다음 코와 연결된다.

한길긴뜨기

◁ 시작

오른쪽에서 왼쪽으로 떠나가며,
옆에서 뜰 다음 코와 연결된다.

빼뜨기

◁ 시작

오른쪽에서 왼쪽으로 떠나가며,
옆에서 뜰 다음 코와 연결된다.

뜨개법과 기호

 사슬뜨기

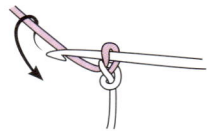

1 첫 코를 만들고 바늘에 실을 건다.

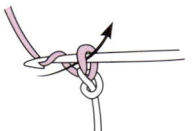

2 바늘에 걸린 실을 끌어 내어 사슬코 완성.

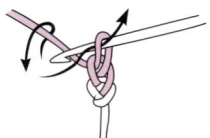

3 같은 방법으로 1, 2를 되풀이하여 뜬다.

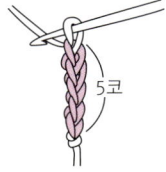

4 사슬뜨기 5코 완성.

 빼뜨기

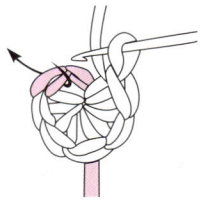

1 앞코에 바늘을 넣는다.

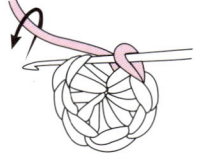

2 바늘에 실을 건다.

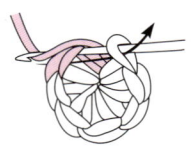

3 실을 한번에 빼낸다.

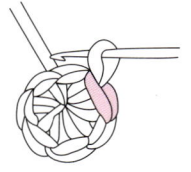

4 빼뜨기 1코 완성.

 짧은뜨기

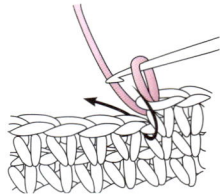

1 앞단 코의 머리에 바늘을 넣는다.

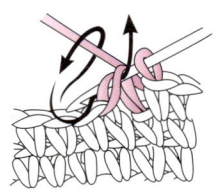

2 바늘에 실을 걸어서 고리 앞으로 끌어낸다.

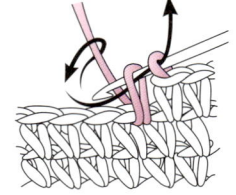

3 바늘에 실을 걸고 고리 2개 안으로 한번에 빼 낸다.

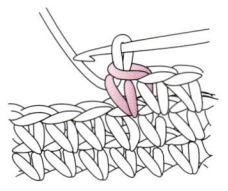

4 짧은뜨기 1코 완성.

짧은뜨기 2코 늘려뜨기

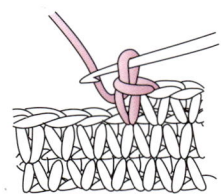

1 짧은뜨기를 1코 뜬다.

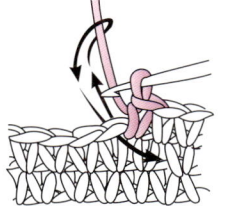

2 같은 코에 한 번 더 바늘을 넣어서 고리를 앞으로 끌어낸다.

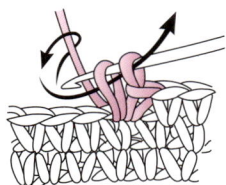

3 바늘에 실을 걸고 고리 2개 안으로 한번에 빼낸다.

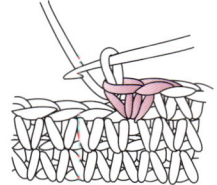

4 앞단의 1코에 짧은뜨기 2코를 뜬 모습. 앞단보다 1코 늘어난 상태.

 짧은뜨기 3코 늘려뜨기　'짧은뜨기 2코 늘려뜨기'와 같은 요령으로 3코를 한꺼번에 뜬다.

 짧은뜨기 2코 모아뜨기

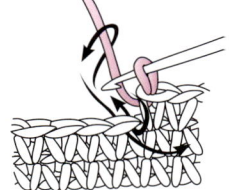

1 앞단 코의 머리에 화살표처럼 바늘을 넣어서 고리를 끌어낸다.

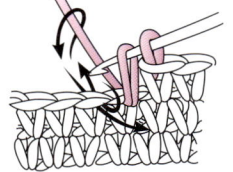

2 다음 코에서도 같은 방법으로 고리를 끌어낸다.

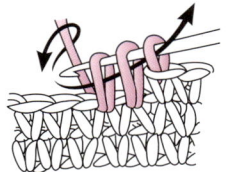

3 바늘에 실을 걸고 고리 3개 안으로 한번에 빼낸다.

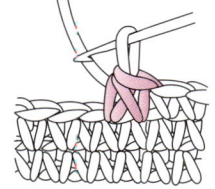

4 짧은뜨기 2코 모아뜨기 완성. 앞단보다 1코 줄어든 상태.

 짧은뜨기 3코 모아뜨기　'짧은뜨기 2코 모아뜨기'와 같은 요령으로 3코를 한꺼번에 뜬다.

 되돌아 짧은뜨기

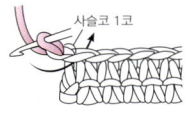

1 바늘을 화살표처럼 앞쪽으로 돌려서 코의 머리를 줍는다.

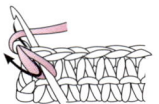

2 바늘에 실을 걸어 화살표처럼 끌어낸다.

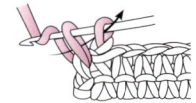

3 바늘에 실을 걸어 2개의 고리 안으로 빼낸다.

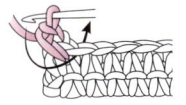

4 1~3을 되풀이하며 왼쪽에서 오른쪽으로 진행하면서 뜬다.

5 완성된 모습.

긴뜨기

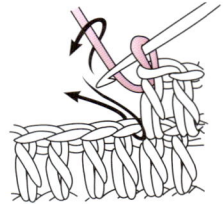

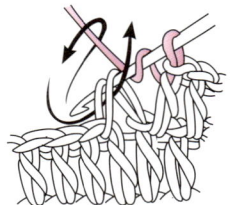

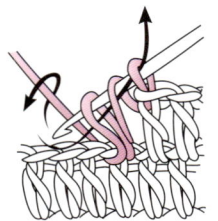

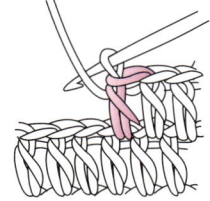

1 바늘에 실을 건 다음 앞단 코의 머리에 바늘을 넣는다.

2 다시 바늘에 실을 걸어서 앞으로 끌어낸다(끌어낸 이 상태를 미완성 긴뜨기라고 한다).

3 바늘에 실을 걸고 고리 3개 안으로 한번에 빼낸다.

4 긴뜨기 1코 완성.

 한길긴뜨기

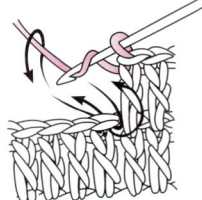

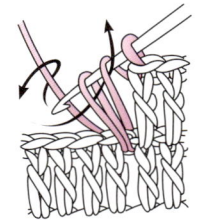

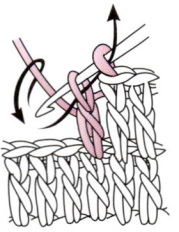

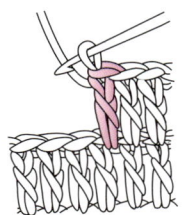

1 바늘에 실을 건 다음 앞단 코의 머리에 바늘을 넣고, 다시 실을 걸어서 고리를 앞으로 끌어낸다.

2 화살표처럼 바늘에 실을 걸고 고리 2개 안으로 빼낸다(빼낸 이 상태를 미완성 한길긴뜨기라고 한다).

3 한 번 더 바늘에 실을 건 다음에 남은 고리 2개 안으로 화살표처럼 빼낸다.

4 한길긴뜨기 1코 완성.

 한길긴뜨기 2코 늘려뜨기

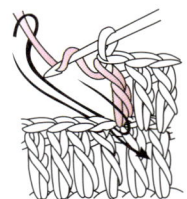

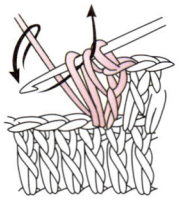

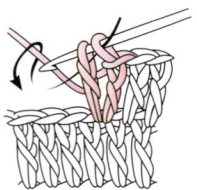

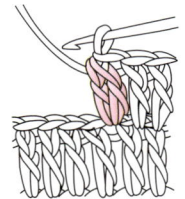

1 한길긴뜨기 1코를 뜨고, 바늘에 실을 걸어 같은 코에 화살표처럼 바늘을 넣어서 끌어낸다.

2 바늘에 실을 걸고 고리 2개 안으로 빼낸다.

3 한 번 더 바늘에 실을 건 다음 남은 고리 2개 안으로 빼낸다.

4 1코에 한길긴뜨기 2코 뜬 모습(앞단보다 1코 늘어난 상태).

한길긴뜨기 3코 늘려뜨기   '한길긴뜨기 2코 늘려뜨기'와 같은 요령으로 3코를 한꺼번에 뜬다.

모티브 연결하기

모티브 2개 연결하기

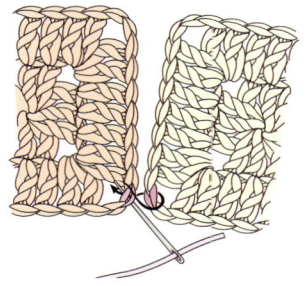

1 모티브 2장을 겉면이 위로 오도
록 놓고, 사진처럼 모서리 코너에
서 두 번째 사슬코의 밑에서부터
바늘을 넣어 화살표오- 같이 움직
인다.

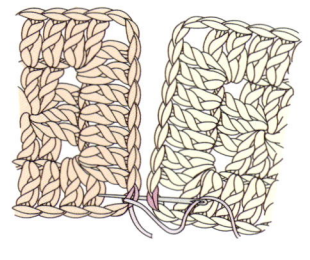

2 각 모티브의 사슬코 머리를 줍고,
실을 당긴다.
TIP 사슬코 뒷산은 빼고 사슬코 머리
만 줍는다.

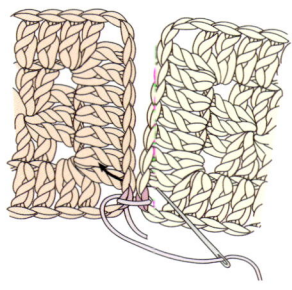

3 모티브의 모양이 너무 당겨지지 않
도록 실을 적당히 당기고 다음 코
를 줍는다.

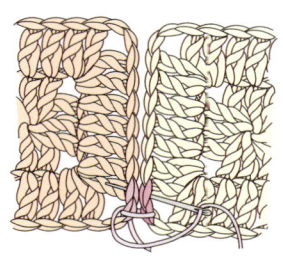

4 계속해서 옆에 있는 한길긴뜨기
코의 머리도 줍는다.

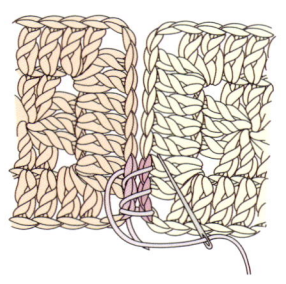

5 각 모티브에서 코의 머리를 줍고,
그렇게 한 땀을 뜰 때마다 실을 적
당히 당긴다.

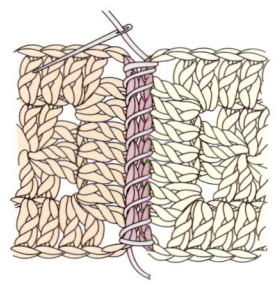

6 휘감은 실은 사선을 이룬다.
다음 모서리 첫 번째 사슬까지 연
결한 뒤 오른쪽 모티브 모서리 첫
번째 사슬코 뒤로 실을 빼낸다.

모티브 3개 연결하기

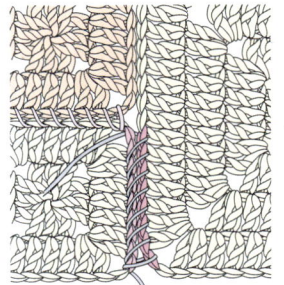

1 왼쪽 아래 모티브의 모서리 첫 번째 사슬코로 바늘을 뺀다.

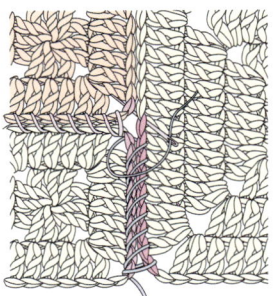

2 오른쪽 한길긴뜨기 다음 코의 머리에 바늘을 넣고 왼쪽 위 모티브의 모서리 두 번째 사슬코와 함께 줍는다.

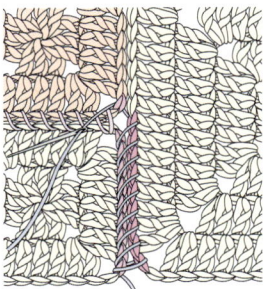

3 세 부분이 만나는 곳으로 실이 느슨해지지 않도록 실을 당기듯이 꿰맨다.

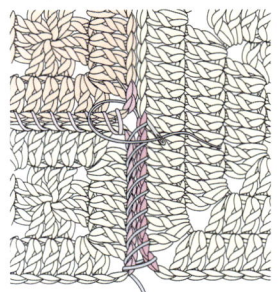

4 3에서 꿰맨 오른쪽 한길긴뜨기 코의 머리에 다시 바늘을 넣고 사진처럼 편물의 두 번째 사슬코와 함께 줍는다.

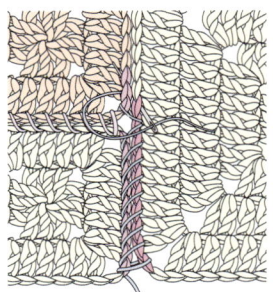

5 각 모티브의 한길긴뜨기의 머리코를 한 코씩 줍는다.

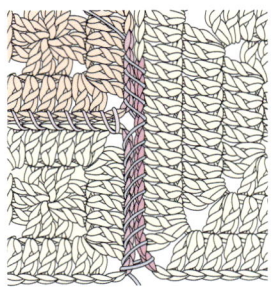

6 세 부분이 만나는 곳부터 꿰맨 실의 사선 방향이 역으로 바뀐다.

모티브 4개 연결하기

모티브 2개를 연결한 후 다른 2장의 모티브도 같은 요령으로 연결한다.

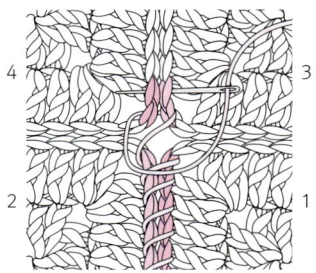

1 4개의 편물이 만나는 모서리의 사슬코의 머리를 모두 줍는다.

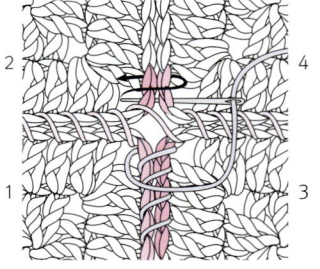

2 세로를 연결한 후 편물을 다시 가로 방향으로 돌린 후 같은 요령으로 연결한다.

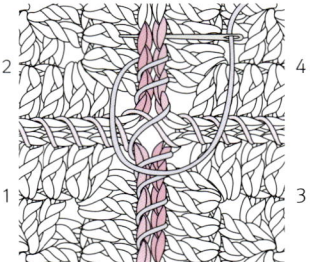

3 사거리 교차점에서는 모서리에서는 구멍이 생기지 않도록 가로세로로 실을 교차해서 연결한다.

시작하기
(원형코 만들기)

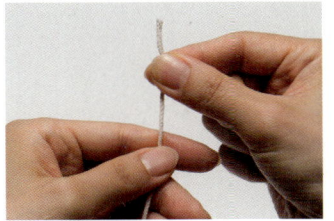

1 5cm 정도 여유분을 두고 실 끝을 잡는다(얇은 실은 짧게 잡고, 굵은 실은 길게 잡는다).

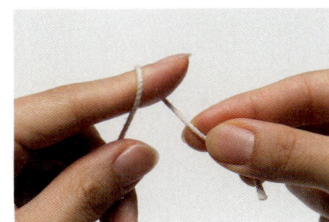

2 실을 왼손 검지에 감는다.

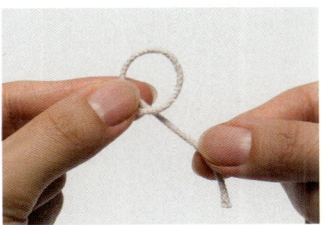

3 실 끝이 교차점의 뒤로 오도록 고리를 만든다.

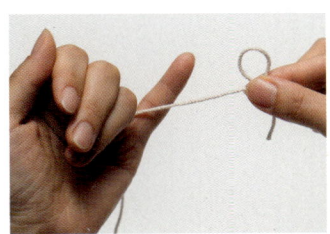

4 고리의 교차점을 오른손으로 눌러 잡고, 왼손 약지와 새끼손가락 사이로 실을 건다.

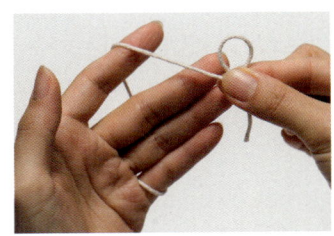

5 왼손의 손등 위로 실을 휘감아 검지에 건다.

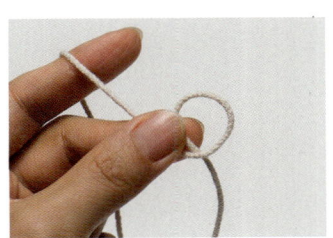

6 왼손의 엄지와 중지로 고리의 교차점을 옮겨 잡는다.

사각 모티브 A

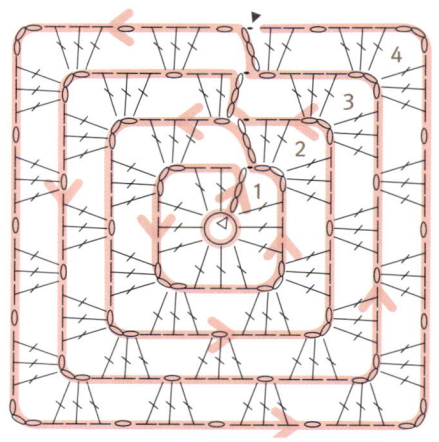

- ● 빼뜨기
- 0 사슬뜨기
- ┬ 한길긴뜨기
- △ 시작
- ▲ 끝

도안 보는 법

뜨개의 시작은 오른쪽에서 왼쪽으로 진행하고(왼손잡이일 경우는 반대 방향), 모티브는 중심에서 바깥쪽으로 진행한다. 시작의 위치를 찾아 1단의 1코부터 차근차근 화살표 방향에 주의하면서 뜬다.

단수	내용
0(시작)	원형코를 잡고 시작한다.
1	사슬뜨기 3코(기둥코)로 시작, 빼뜨기로 끝. (총 24코)
2	사슬뜨기 3코(기둥코)로 시작, 빼뜨기 끝. (총 40코)
3	사슬뜨기 3코(기둥코)로 시작, 빼뜨기 끝. (총 56코)
4	사슬뜨기 3코(기둥코)로 시작, 빼뜨기 끝. (총 72코)

※ 주의
· 기둥코는 1코로 계산한다.
· 빼뜨기는 콧수에 포함하지 않는다.
· 지금 뜨고 있는 위치가 헷갈린다면 이미 뜬 단과 코를 체크하면서 진행한다.

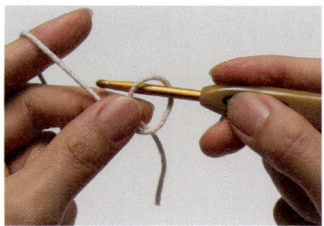

1 고리에 바늘을 끼운다

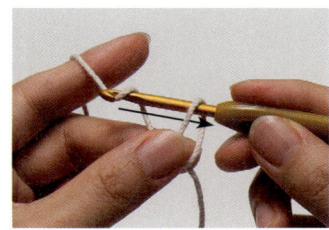

2 바늘에 실을 걸고, 고리 밖으로 빼 낸다.

3 실을 빼낸 모습

TIP 코바늘은 오른손으로 연필 잡듯이 편안하게 잡는다.

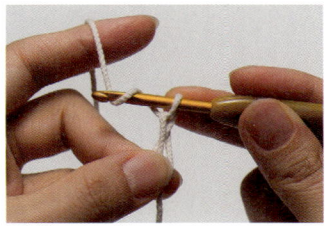

4 고리를 느슨하게 하고 바늘에 실 을 건다.

5 바늘을 고리 안으로 통과시킨다 (한길긴뜨기의 기둥코인 사슬코 3 개 중 첫 번째 사슬코 1개 완성).

6 사슬뜨기를 2번 더 뜬다(한길긴뜨 기의 기둥코 완성).

TIP 바늘에 실이 걸리면 항상 오른손 중지로 걸린 실을 눌러 바늘에 고정시킨다. 중지로 실을 눌러주면 실의 장력을 조절할 수 있다. 예를 들어 고리 를 느슨하게 한 상태에서 실을 중지로 눌러 바늘에 고정하면 실이 팽팽해지는 것을 방지할 수 있다. 처음에는 조금 어색하더라도 습관이 되면 일정한 간격으로 편안하게 모티브를 뜨는 데에 많은 도움이 된다.

7 바늘에 실을 건다.

8 엄지와 중지로 잡고 있는 고리에 바늘을 넣는다.

9 바늘에 실을 걸어 고리 밖으로 빼낸 다(바늘에는 실 3개가 걸려있다).

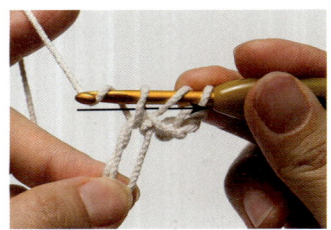

10 다시 바늘에 실을 건다(바늘에는 실 4개가 걸려있다).

11 바늘에 걸린 실 바로 옆에 있는 2개의 고리 사이로 바늘을 빼낸다(바늘에는 실 2개가 걸려있다).

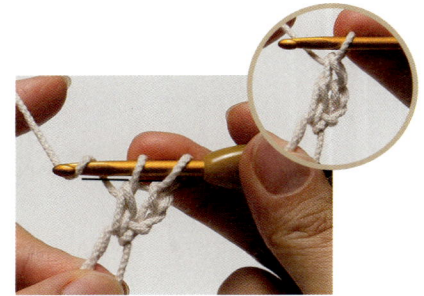

12 또 다시 바늘에 실을 걸고(바늘에는 실 3개가 걸려있다) 남은 2개의 고리 안으로 빼낸다.

※과정 7~12까지 한길긴뜨기 1코

13 과정7~12를 반복하여 한길긴뜨기 1코를 더 뜬다.

사슬뜨기 3코

14 사슬뜨기 3코를 뜬다(사각형의 코 너가 될 부분).

사슬뜨기 3코   한길긴뜨기 3코

15 도안을 참고하여 {한길긴뜨기 3코, 사슬뜨기 3코}를 순서대로 3번 반복한다.

코의 머리

16 기둥코(사슬코 3코) 옆, 첫 번째 한길긴뜨기 코의 머리에 코바늘을 넣는다.

TIP 기둥코(사슬코 3코)의 머리에 바늘을 넣지 않도록 주의한다.

고리 1 고리 2 고리 3

17 바늘에 실을 걸고 바늘에 걸려있던 3개의 고리 사이로 빼낸다(빼뜨기).

18 모티브를 뒤집어 뒷면이 앞으로 오게 하고, 실 끝을 당겨 중심을 조인다.

사슬뜨기 4코

한길긴뜨기 3코

코너

19 실 끝을 돗바늘에 끼우고, 사진처럼 편물에 바늘을 통과시켜 풀리지 않도록 실을 정리한다.

20 편물을 다시 앞면이 보이게 놓고, 사슬뜨기 4코를 뜬다(처음에 뜬 사슬뜨기 3코는 2단의 기둥코가 된다).

21 1단의 첫 번째 코너에 바늘을 넣어 한길긴뜨기 3코를 뜬다.

사슬뜨기 3코

22 사슬뜨기 3코를 뜬다

23 다시 1단의 첫 번째 코너에 바늘을 넣어 한길긴뜨기 3코를 뜬다.

24 도안을 참고하여 {사슬뜨기 1코, 한길긴뜨기 3코, 사슬뜨기 3코, 한길긴뜨기 3코}를 순서대로 3번 반복하는데, 마지막 한길긴뜨기는 2코만 뜬다.

25 2단 시작 부분의 네 번째 사슬코에 바늘을 넣는다.

26 바늘에 실을 감아 모든 코 밖으로 빼낸다(빼뜨기).

27 사슬뜨기 3코를 떠서 3단의 기둥코를 세운다.

28 기둥코 옆으로 한길긴뜨기 2코를 뜬다.

29 도안을 참고하여 3단 전체를 뜨는데, 마지막에 사슬뜨기 1코(사진의 마지막 코)를 뜬다.

30 3단 시작 부분의 기둥코 옆 첫 번째 한길긴뜨기 코의 머리로 바늘을 넣고 빼뜨기한다.

4단 ▶ ▶ ▶

31 2단과 같이 사슬뜨기 4코를 시작으로 도안대로 4단을 뜬 뒤 마지막에 한길긴뜨기 2코를 뜬다.
TIP 4단 시작 부분에서 한길긴뜨기 1코에 해당하는 기둥코 3코를 떴으므로 이 과정에서는 한길긴뜨기를 2코만 뜬다.

32 기둥코(사슬코 3코) 옆 사슬코의 머리(네 번째 사슬코의 머리이자 한길긴뜨기 오른쪽 옆 코의 머리)에 바늘을 넣고, 빼뜨기를 한다.

33 그대로 바늘을 당긴 뒤 실을 5cm 정도 남기고 자른다. 자른 실은 빼내고 실의 끝부분에 돗바늘을 끼워 왼쪽으로 살짝 잡아당긴다.

34 왼쪽 사슬코(한길긴뜨기와 한길긴뜨기 사이) 머리에 바늘을 넣고 빼내 실을 당긴다.

35 바늘을 끼웠던 사슬코 머리로 다시 바늘을 넣고 실을 통과시킨다.

36 과정34~35에서 만든 사슬코는 한길긴뜨기와 한길긴뜨기 사이의 사슬코에 겹쳐진다.

사각 모티브 B

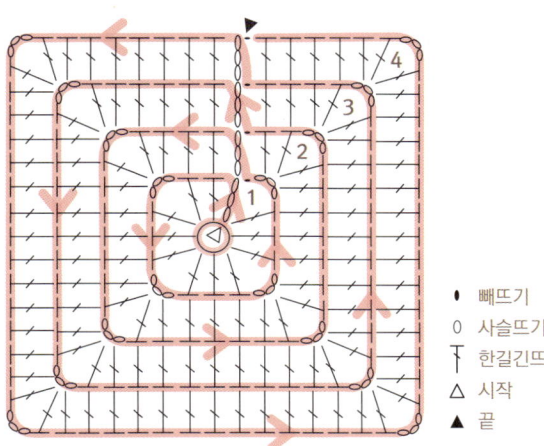

· 빼뜨기
0 사슬뜨기
한길긴뜨기
△ 시작
▲ 끝

도안 보는 법

뜨개의 시작은 오른쪽에서 왼쪽으로 진행하고(왼손잡이일 경우는 반대 방향), 모티브는 중심에서 바깥쪽으로 진행한다. 시작의 위치를 찾아 1단의 1코부터 차근차근 화살표 방향에 주의하면서 뜬다.

단수	내용
0(시작)	원형코를 잡고 시작한다.
1	사슬뜨기 3코(기둥코)로 시작, 빼뜨기로 끝. (총 24코)
2	사슬뜨기 3코(기둥코)로 시작, 빼뜨기로 끝. (총 40코)
3	사슬뜨기 3코(기둥코)로 시작, 빼뜨기로 끝. (총 56코)
4	사슬뜨기 3코(기둥코)로 시작, 빼뜨기로 끝. (총 72코)

※ 주의

· 기둥코는 1코로 계산한다.
· 빼뜨기는 콧수에 포함하지 않는다.
· 지금 뜨고 있는 위치가 헷갈린다면 이미 뜬 단과 코를 체크하면서 진행한다.

※1단까지 뜨는 방법은 '사각 모티브 A'의 1번부터 19번까지의 방법과 동일하다.

2단 ▶ ▶ ▶

1 편물을 다시 앞면이 보이게 놓고 사슬뜨기 3코를 떠서 기둥코를 만든다.

2 1단의 두 번째 한길긴뜨기 코의 머리에 바늘을 넣어, 한길긴뜨기 1코를 뜬다.

3 다음 코에 한길긴뜨기 1코를 뜬다.

4 바늘에 실을 걸고 1단의 코너 부분에 한길긴뜨기 2코를 뜬다.

5 사슬뜨기 3코를 뜨고 한길긴뜨기 2코를 더 뜬다.

6 1단의 첫 번째 한길긴뜨기 코의 머리에 한길긴뜨기 1코를 뜬다. 2단의 끝까지 도안대로 뜬다.

3단 ▶ ▶ ▶　　　　　　　　　　　　　　　　　　　　　　　　　　4단 ▶ ▶ ▶

7 2단은 빼뜨기로 마무리하고, 사슬뜨기 3코를 떠서 3단의 기둥코를 만든다.

8 3단 역시 도안대로 뜬 뒤 빼뜨기로 마무리한다.

9 사슬뜨기 3코를 떠서 4단의 기둥코를 만든 뒤 도안을 참고하여 끝까지 뜬다. 남은 실은 돗바늘로 정리해준다.

※ 나머지는 '사각 모티브 A의 뜨는 법'과 도안을 참고하여 마무리한다.

원 모티브 A

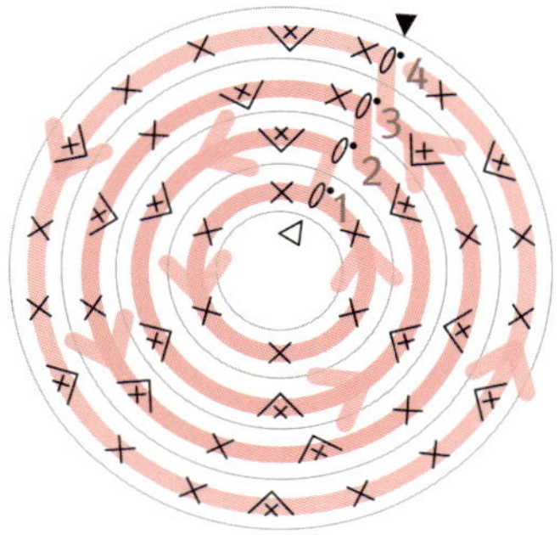

- 빼뜨기
- 0 사슬뜨기
- × 짧은뜨기
- 짧은뜨기 2코 늘려뜨기
- △ 시작
- ▲ 끝

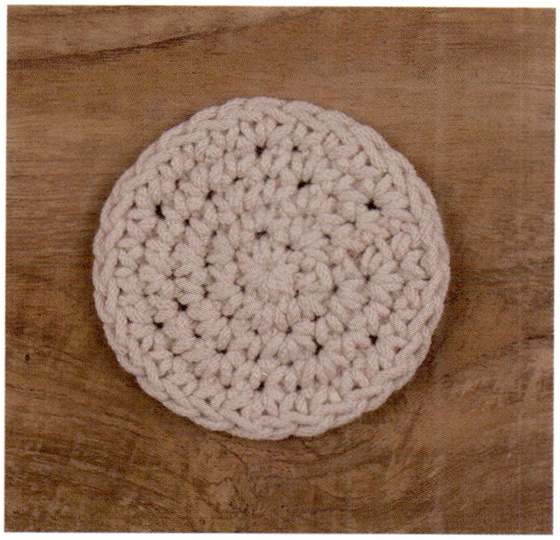

도안 보는 법

뜨개의 시작은 오른쪽에서 왼쪽으로 진행하고(왼손잡이일 경우는 반대 방향), 모티브는 중심에서 바깥쪽으로 진행한다. 시작의 위치를 찾아 1단의 1코부터 차근차근 화살표 방향에 주의하면서 뜬다.

단수	내용
0(시작)	원형코를 잡고 시작한다.
1	사슬뜨기 1코(기둥코)로 시작, 빼뜨기로 끝. (총 6코)
2	사슬뜨기 1코(기둥코)로 시작, 빼뜨기로 끝. (총 12코)
3	사슬뜨기 1코(기둥코)로 시작, 빼뜨기로 끝. (총 18코)
4	사슬뜨기 1코(기둥코)로 시작, 빼뜨기로 끝. (총 24코)

※ 주의
- 짧은뜨기의 기둥코, 빼뜨기는 콧수에 포함하지 않는다.
- 지금 뜨고 있는 위치가 헷갈린다면 이미 뜬 단과 코를 체크하면서 진행한다.

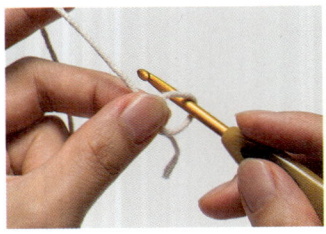

1 고리에 바늘을 끼운다.
TIP 코바늘은 오른손으로 연필 잡듯이
편안하게 잡는다.

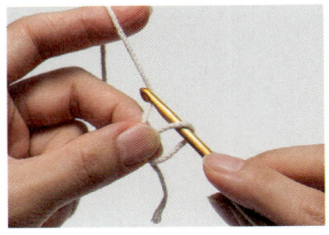

2 바늘에 실을 건다.

3 바늘을 고리 밖으로 빼낸다.

4 고리를 느슨하게 하여 공간을 만
든다.

5 바늘에 실을 걸고 고리 밖으로 빼
내서 사슬뜨기 1코를 뜬다.
TIP 이 사슬코는 기둥코이며, 짧은뜨
기의 기둥코는 콧수로 세지 않는다.

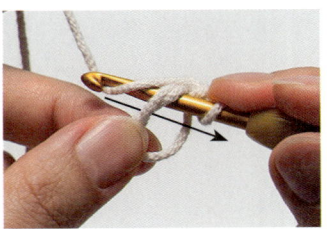

6 원형 코에 바늘을 넣고 실을 감는다.

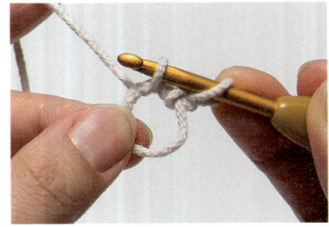

7 바늘을 원형 코 밖으로 빼낸다.

8 바늘에 실을 한 번 감는다.

9 2개의 고리 사이로 빼낸다.
※과정6~9까지 짧은뜨기 1코

10 과정6~9를 반복하여 짧은뜨기 5코를 뜬다.

11 실 끝을 잡아당겨 원형코를 조인다.

12 첫 번째 짧은뜨기 코의 머리에 바늘을 넣는다.

TIP 과정4에서 뜬 기둥코의 머리에 바늘을 넣지 않도록 주의한다.

2단 ▶ ▶ ▶

13 바늘에 실을 감고 모든 고리 사이로 빼낸다(빼뜨기).

14 사슬뜨기 1코를 뜬다(2단의 기둥코).

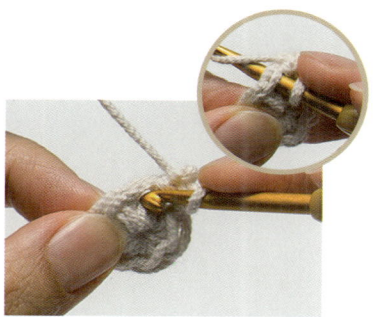

15 앞 단의 첫 번째 코의 머리에 바늘을 넣는다.

16 실을 걸고 밖으로 빼내서 짧은뜨기 1코를 뜬다.

17 과정15~16에서 뜬 코에 다시 짧은뜨기 1코를 더 뜬다.

※과정15~17까지 짧은뜨기 2코 늘려 뜨기

18 옆 코의 머리(앞단의 두 번째 코의 머리)에 바늘을 넣는다.

19 짧은뜨기 2코 늘려뜨기를 한다.

20 1단의 6코에 각각 짧은뜨기 2코씩을 뜨면, 2단의 짧은뜨기 12코가 완성된다.

21 2단의 첫 번째 짧은뜨기 코의 머리에 바늘을 넣고, 실을 감아 빼뜨기를 한다.
TIP 과정14에서 뜬 기둥코 머리에 바늘을 넣지 않도록 주의한다.

3단 ▶ ▶ ▶

22 사슬뜨기 1코를 떠서 기둥코를 세운다.

23 2단의 첫 번째 코에 짧은뜨기 2코 늘려뜨기를 한다.

24 옆 코에 짧은뜨기 1코를 뜬다.

25 과정23~24를 5번 더 반복한다. 3단의 전체 콧수는 18코이다.

4단 ▶ ▶ ▶

26 3단의 첫 번째 짧은뜨기 코의 머리에 바늘을 넣어 빼뜨기한다.

27 도안대로 4단을 뜨고 실을 정리한다. 4단의 콧수는 24코가 된다.

원 모티브 B

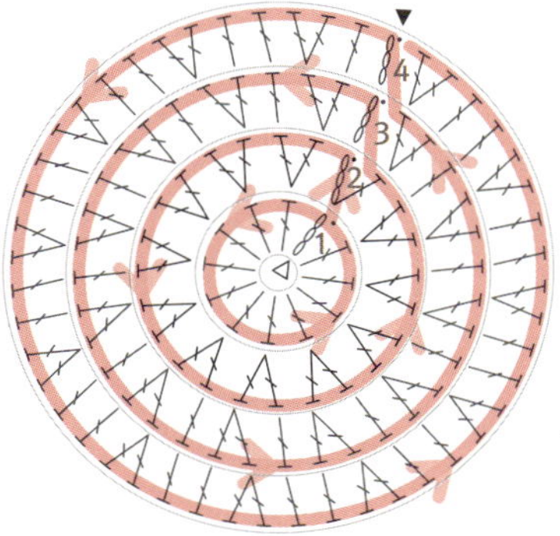

- • 빼뜨기
- 0 사슬뜨기
- 한길긴뜨기
- 한길긴뜨기 2코 늘려뜨기
- △ 시작
- ▲ 끝

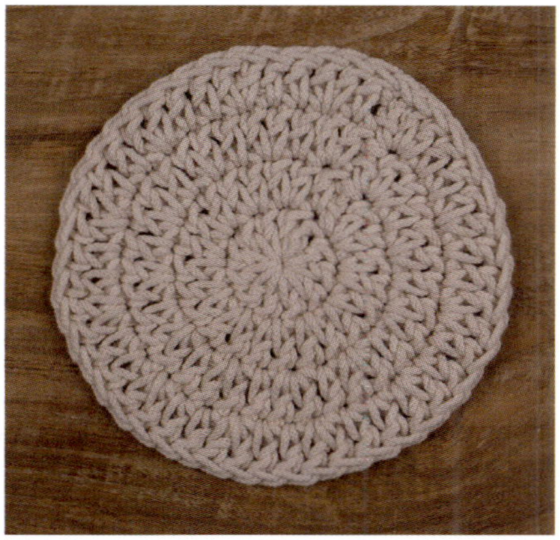

도안 보는 법

뜨개의 시작은 오른쪽에서 왼쪽으로 진행하고(왼손잡이일 경우는 반대 방향), 모티브는 중심에서 바깥쪽으로 진행한다. 시작의 위치를 찾아 1단의 1코부터 차근차근 화살표 방향에 주의하면서 뜬다.

단수	내용
0(시작)	원형코를 잡고 시작한다.
1	사슬뜨기 3코(기둥코)로 시작, 빼뜨기로 끝. (총 12코)
2	사슬뜨기 3코(기둥코)로 시작, 빼뜨기로 끝. (총 24코)
3	사슬뜨기 3코(기둥코)로 시작, 빼뜨기로 끝. (총 36코)
4	사슬뜨기 3코(기둥코)로 시작, 빼뜨기로 끝. (총 48코)

※ 주의
- 기둥코는 1코로 계산한다.
- 빼뜨기는 콧수에 포함하지 않는다.
- 지금 뜨고 있는 위치가 헷갈린다면 이미 뜬 단과 코를 체크하면서 진행한다.

※원 모티브 A의 도안에서 짧은뜨기 대신 한길긴뜨기로 뜨면 원 모티브 B가 된다.

2 사각 모티브 응용 작품

1 모티브 한 조각 포인트 조끼

뜨개질을 시작하고 처음으로 완성한 그래니 스퀘어 모티브 한 장.

애지중지 완성한 한 장의 모티브를 어떻게든 잘 사용해보고 싶었어요.

커피 잔을 올려 코스터로 사용을 하고, 핸드폰을 올려놓기도 하다가,

아끼는 핸드메이드 조끼 한쪽에 손바느질로 달아보았어요.

조끼와 어울리는 얌전한 색감이어서 그런지 무척 잘 어울렸어요.

이 뿌듯함은 오래도록 가슴에 남을 거예요.

모티브 한 조각 포인트 조끼

바늘	모사용 코바늘 7호
실 색상	아이보리색 실
게이지	사각 모티브 A(1~4단)=12cm
완성 크기	12cm×12cm

• 뜨는 법 •

아이보리색 실로 4단 모티브 1개를 뜬다.

- ● 빼뜨기
- ○ 사슬뜨기
- ✝ 한길긴뜨기
- △ 시작
- ▲ 끝

TIP
가지고 있는 조끼의 적당한 위치에 바느질실로 꿰맨다.

2 경쾌한 파스텔톤 블랭킷

모티브 한 조각에서 멈추지 않고 계속 단수를 늘려 가면

커다란 블랭킷을 만들 수 있어요.

단순한 모티브지만 뜨개실의 색과 소재, 굵기를 달리하면

색다른 분위기로 작품을 완성할 수 있습니다.

부드럽고 얇은 실로 작게 뜨면 귀여운 무릎덮개를,

투박하고 두꺼운 실로 단수를 늘여 크게 뜨면 카펫을 만들 수 있어요.

같은 모티브로 다양한 분위기의 네모 블랭킷을 연출해 보세요.

경쾌한 파스텔톤 블랭킷

바늘	모사용 코바늘 7호
실 색상	하얀색, 베이지색, 노란색, 겨자색, 분홍색, 파란색, 연두색, 주황색,
	자주색, 흐린 하늘색, 하늘색, 청록색, 보라색, 밤색
게이지	사각 모티브 A(1~4단)=12cm
완성 크기	110cm×110cm

· 뜨는 법 ·

사각 모티브 47단을 뜬다.

배색표를 참고하여 하얀색 실 1줄과 여러 가지 파스텔 톤의 실을 1줄씩 번갈아 합사하면서 뜬다.

47단까지 반복하여 뜬다.

- • 빼뜨기
- 0 사슬뜨기
- 丅 한길긴뜨기
- △ 시작
- ▲ 끝

TIP 원하는 크기만큼 단수를 조절하여 뜬다.

배색표

단수	색상
1~6단	하얀색+파란색
7~10단	하얀색+연두색
11~12단	하얀색+자주색
13~14단	하얀색+흐린 하늘색
15단	하얀색+겨자색
16~19단	하얀색+청록색
20~21단	하얀색+노란색
22~24단	하얀색+분홍색
25단	하얀색+밤색
26~27단	하얀색+연두색
28~29단	하얀색+하늘색

단수	색상
30~31단	하얀색+베이지색
32단	하얀색+겨자색
33~34단	하얀색+보라색
35단	하얀색+겨자색
36~37단	하얀색+노란색
38단	하얀색+파란색
39~40단	하얀색+흐린 하늘색
41단	하얀색+연두색
42~43단	하얀색+밤색
44~45단	하얀색+보라색
46~47단	하얀색+주황색

TIP 큰 직물을 뜰 때는 단이 바뀔 때마다 직물을 앞뒤로 뒤집어가며 뜬다.
한 단씩 뜨는 방향을 바꿔주면 직물의 모양이 틀어지는 것을 방지할 수 있다.

③ 오리엔탈 느낌의 블랭킷

원색 실 한 줄에 검은색 실 한 줄을 합사해서 뜨면

원색의 화려함은 유지하되 조금 차분한 분위기의 블랭킷을 만들 수 있어요.

반대로 원색 실을 흰색 실과 합사하면

조금 더 밝고 경쾌한 느낌을 연출할 수 있어요.

원색 블랭킷이 지루하게 느껴진다면

한 가지 메인 색상을 정한 뒤 원색 실과 합사해서 떠보세요.

원색만으로 떴을 때와는 전혀 다른 색감에 놀랄 거예요.

블랭킷 밑에 미끄럼 방지 원단을 깔면 카펫으로도 사용할 수 있어요.

오리엔탈 느낌의 블랭킷

바늘	모사용 코바늘 8호
실 색상	검은색, 자주색, 갈색, 베이지색, 청록색, 빨간색, 남색, 짙은 파란색,
	노란색, 살구색, 분홍색, 파란색, 주황색, 연두색, 옅은 회색, 짙은 회색
게이지	사각 모티브 A(1~4단)=15cm
완성 크기	100cm×100cm

· 뜨는 법 ·

사각 모티브 32단을 뜬다. 배색표를 참고하여 검은색 실에 여러 가지 원색 실을 번갈아 합사하면서 2줄로 뜬다.

32단까지 반복하여 뜬다.

•	빼뜨기
0	사슬뜨기
⊤	한길긴뜨기
△	시작
▲	끝

TIP 원하는 크기만큼 단수를 조절하여 뜬다.

배색표

단수	색상	단수	색상
1~4단	검은색+자주색	20단	검은색+분홍색
5~6단	검은색+갈색	21단	검은색+갈색
7~8단	검은색+베이지색	22단	검은색+파란색
9~12단	검은색+청록색	23단	검은색+주황색
13단	검은색+빨간색	24단	검은색+연두색
14~15단	검은색+남색	25단	검은색+옅은 회색/ 검은색+짙은 회색
16단	검은색+짙은 파란색	26단	검은색+옅은 회색
17~18단	검은색+노란색	27단	검은색+짙은 회색
19단	검은색+살구색	28단~32단	검은색+남아있는 실

TIP 큰 직물을 뜰 때는 단이 바뀔 때마다 직물을 앞뒤로 뒤집어가며 뜬다.
한 단씩 뜨는 방향을 바꿔주면 직물의 모양이 틀어지는 것을 방지할 수 있다.

4 크리미한 쁘띠 블랭킷

실크 소재의 얇은 실을 선택하여 네모 블랭킷을 떴더니,

앙증맞은 쁘띠 블랭킷이 완성되었어요.

부피가 작아서 가지고 다니기 편하니

외출할 때 무릎덮개로 사용해보세요.

크리미한 쁘띠 블랭킷

바늘	모사용 코바늘 3호
실 색상	크림색
게이지	사각 모티브 A(1~4단)=7cm
완성 크기	70cm×70cm

· 뜨는 법 ·

크림색 실 1줄로 사각 모티브 41단을 뜬다.

41단까지 반복하여 뜬다.

•	빼뜨기
0	사슬뜨기
�	한길긴뜨기
△	시작
▲	끝

TIP 1 큰 직물을 뜰 때는 단이 바뀔 때마다 직물을 앞뒤로 뒤집어가며 뜬다.
한 단씩 뜨는 방향을 바꿔주면 직물의 모양이 틀어지는 것을 방지할 수 있다.
TIP 2 원하는 크기만큼 단수를 조절하여 뜬다.

5 귀여운 다용도 지갑

단순한 사각 모티브 한 장으로 예쁜 지갑을 뜰 수 없을까?

사각형 모티브를 한 장 떠놓고 물끄러미 바라보다가

어릴 적 색종이를 가지고 놀던 기억이 떠올랐어요.

반듯한 정사각형 종이 한 장으로 다양한 모양을 만들 수 있는 신기한 종이접기!

그 시절의 기억을 떠올려 색종이 접듯 각 모서리를 네 번 크게 접어서

서로 연결하고 지퍼를 다니 그럴싸한 다용도 지갑이 되었어요.

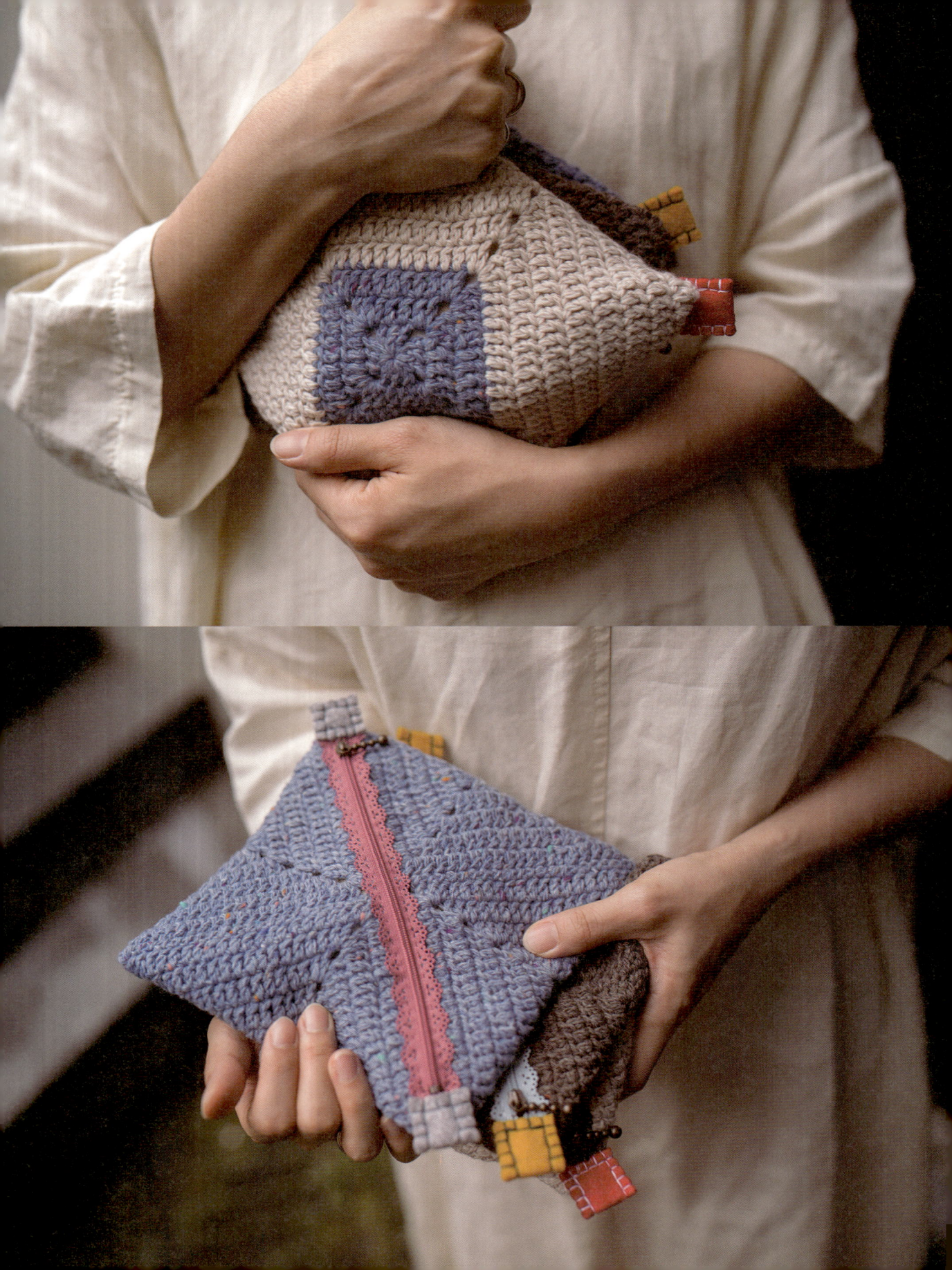

차분한 색의 실로 모티브를 뜨고, 지퍼와 펠트지로 포인트를 주세요.
작은 포인트 하나가 완성도를 높이고 작품에 활기를 줍니다.

귀여운 다용도 지갑

바늘	모사용 코바늘 6호
실 색상	베이지색, 파란색, 짙은 밤색
기타	면 원단, 레이스 지퍼 20cm, 펠트지(빨간색, 겨자색, 회색)
게이지	사각 모티브 B(1~4단)=10cm
완성 크기	17cm×17cm

· 뜨는 법 ·

원하는 지갑의 색을 정한 뒤 색 배색표를 참고하여 11단 사각 모티브를 뜬다.

배색표

지갑	색상
파란색 지갑	1~3단: 짙은 밤색, 4~11단: 파란색
짙은 밤색 지갑	1~2단: 베이지색, 3~11단: 짙은 밤색
베이지색 지갑	1~3단: 파란색, 4~11단: 베이지색

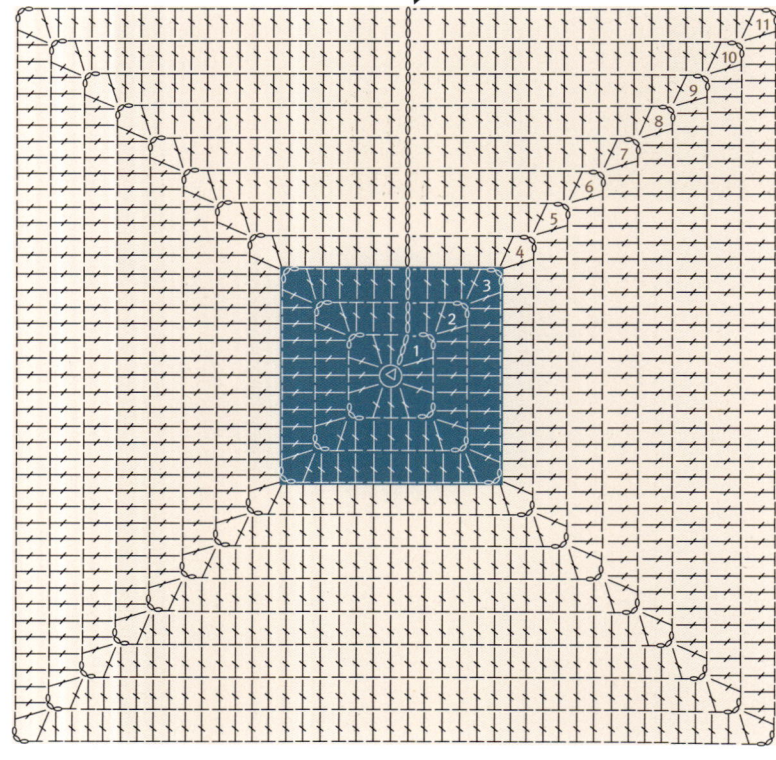

•	빼뜨기
0	사슬뜨기
✝	한길긴뜨기
△	시작
▲	끝

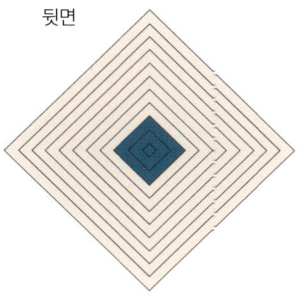

뒷면

1 편물의 뒷면이 보이도록 뒤집어 놓는다.

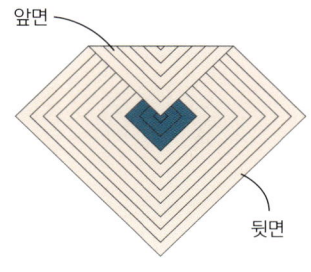

앞면

뒷면

2 모티브의 한쪽 모서리 면을 접는다

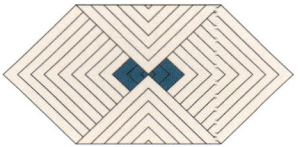

3 접은 모서리 면의 반대쪽도 접는다.

4 반대쪽 모서리 면도 접는다.

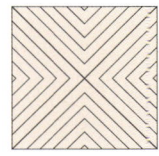

5 나머지 한쪽면도 모두 접는다.

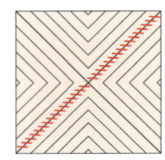

6 사진처럼 대각선 1줄을 돗바늘을 이용하여 베이지색실로 감침질하듯 꿰맨다.

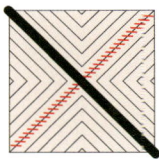

7 반대편 대각선에 지퍼를 단다. (지갑의 겉면에 바느질 실로 꿰맨다.)

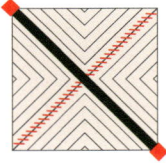

8 지퍼 양쪽 끝부분에 펠트지를 바느질 실로 꿰맨다.

6 노트북 케이스

모티브 몇 개를 연결하여 나만의 노트북 케이스를 만들어보세요.
노트북 케이스로도, 노트북 받침으로도
유용하게 사용할 수 있어 좋아요.

케이스 안감으로는 두꺼운 펠트지를 사용했어요.
천으로 만든 얇은 안감보다 훨씬 안전하게 노트북을 보호하고,
케이스의 형태도 단단하게 유지해줍니다.

노트북 케이스

바늘	모사용 코바늘 5호
실 색상	인디핑크색, 아이보리색, 베이지색, 올리브색, 회색, 파란색
기타	펠트지(아이보리색)
게이지	사각 모티브 B(1~4단)=9cm
완성 크기	34cm×23cm

• 뜨는 법 •

배색표를 참고하여 5단 사각 모티브 12개를 뜬다. 인디핑크색 5개, 베이지색 4개, 회색 1개, 파란색 1개, 회색+올리브색 1개를 뜬다.

배색표

모티브	색상
인디핑크색 모티브	1~4단: 인디핑크색, 5단: 아이보리색
베이지색 모티브	1~4단: 베이지색, 5단: 아이보리색
회색 모티브	1~4단: 회색, 5단: 아이보리색
파란색 모티브	1~4단: 파란색, 5단: 아이보리색
회색+올리브색 모티브	1~2단: 올리브색, 3~4단: 회색, 5단: 아이보리색

TIP 노트북 크기에 따라 단수를 조절한다.

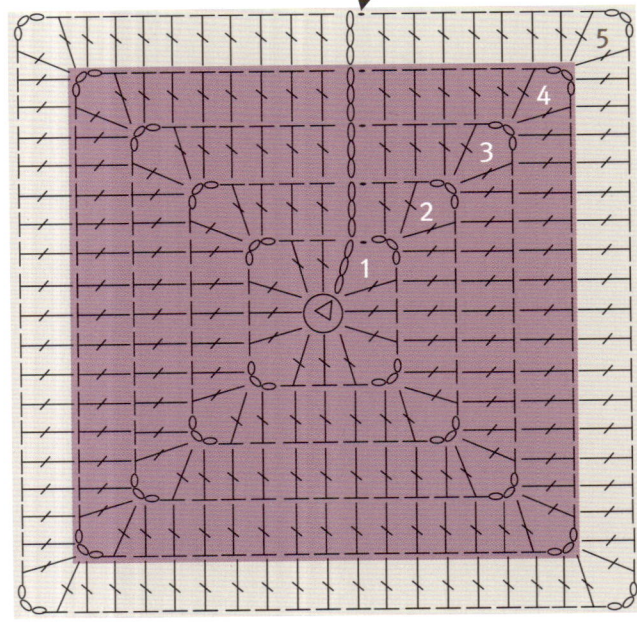

- • 빼뜨기
- 0 사슬뜨기
- ╤ 한길긴뜨기
- △ 시작
- ▲ 끝

1 돗바늘에 아이보리색 실을 꿰어 각 모티브를 그림과 같이 연결한다.

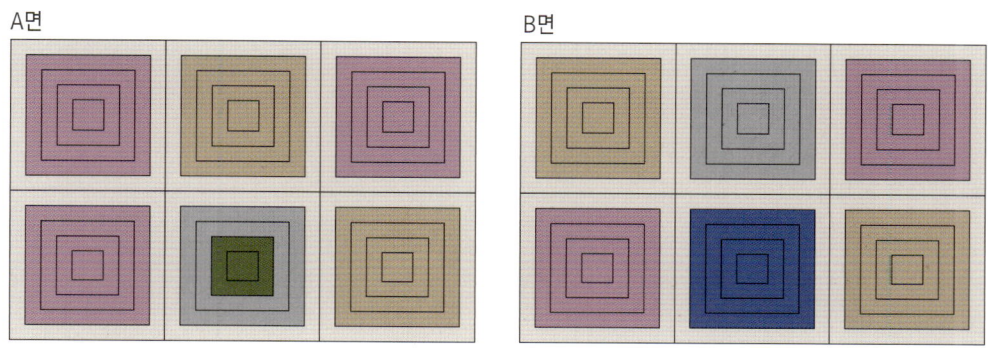

A면

B면

2 A면과 B면을 마주 보도록 겹친 뒤, 케이스 입구를 제외한 세 변을 돗바늘로 연결한다.

3 펠트지로 안감을 만드는데, 완성된 뜨개 케이스보다 사방 0.5cm 작은 크기로 2장 재단한다.

4 펠트지 2장을 겹쳐놓고 0.5cm 안쪽으로 3면을 홈질한다.

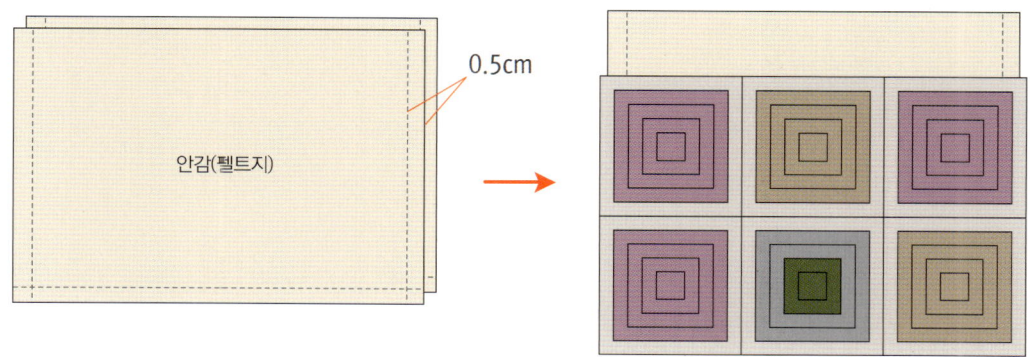

0.5cm

안감(펠트지)

5 뜨개 케이스 안에 안감을 넣고 입구 부분을 케이스와 함께 공그르기로 꿰맨다.

7 모티브 조각 이불

노란색 계열의 실들과 흰색, 크림색, 베이지색 등
명도가 조금씩 다른 흰색 계열 실 10가지로 55가지의 색을
만들어 블랭킷 형태로 연결하였습니다.
이렇듯 몇 가지 메인 컬러를 정한 뒤
같은 색군의 실을 모든 경우의 수에 따라 돌아가며 합사하면
다채로우면서도 서로 조화롭게 어울리는 색을 쉽게 만들 수 있습니다.
실 두 줄을 합사해서 뜨는 블랭킷이므로 얇은 실이 좋습니다.

모티브 조각 이불

바늘	모사용 코바늘 4호
실 색상	하얀색, 아이보리색, 살구색, 레몬색, 겨자색, 금색
게이지	사각 모티브 B(1~4단)=8cm
완성 크기	113cm×150cm

· 뜨는 법 ·

배색표를 참고하여 실 2줄로 색상을
만들며 7단 사각 모티브 88개를 뜬다.

※ 6가지 색상의 실을 1줄씩 각각 새로운
　조합으로 합사하여 14가지 색상으로
　조색하여 사용한다.

배색표

A : 하얀색 + 아이보리색 =20개

B : 하얀색 + 살구색 = 8개

C : 하얀색 + 레몬색 = 4개

D : 하얀색 + 금색 = 6개

E : 겨자색 + 겨자색 = 5개

F : 살구색 + 살구색 = 4개

G : 레몬색 + 레몬색 = 4개

H : 금색 + 금색 = 5개

I : 겨자색 + 아이보리색 = 5개

J : 겨자색 + 살구색 = 6개

K : 겨자색 + 레몬색 = 5개

L : 겨자색 + 금색 = 6개

M : 살구색 + 레몬색 =5개

N : 금색 + 레몬색 = 5개

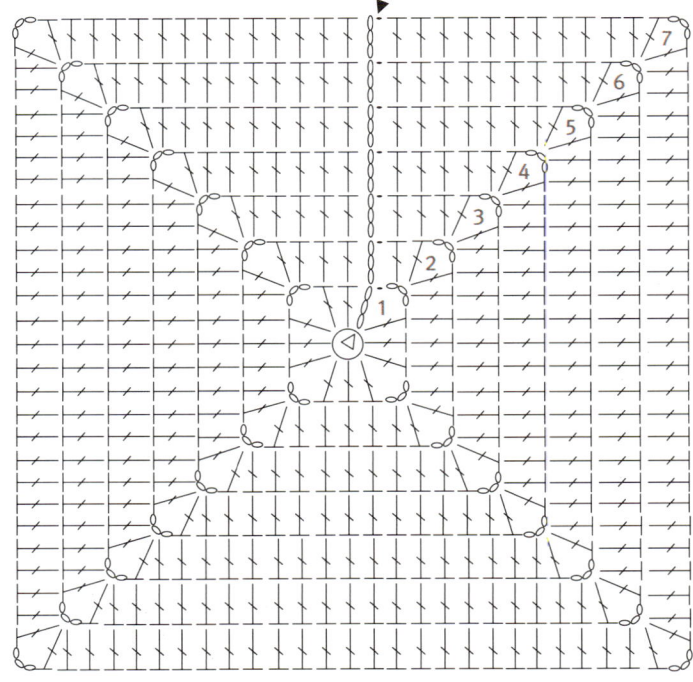

●	빼뜨기
0	사슬뜨기
⊤	한길긴뜨기
△	시작
▲	끝

1 가로 8개×세로 11개로 모티브를 배열해 놓고, 돗바늘로 감침질하여 모티브를 연결한다.

8개

D	N	L	A	J	K	H	B
A	C	B	G	A	F	A	E
K	H	A	M	I	C	J	A
L	E	J	K	B	A	N	D
B	A	G	D	M	I	A	L
J	I	A	F	A	E	B	H
A	L	M	N	H	D	G	A
E	D	J	A	K	C	F	I
B	A	G	B	N	A	M	A
J	H	A	E	M	B	L	K
A	C	L	F	A	I	D	N

11개

2 모티브를 뜨고 남은 실르 블랭킷의 테두리를 뜬다. 테두리 1단은 짧은뜨기로, 2~5단은 한길긴뜨기로 원하는 단수만큼 뜬다.

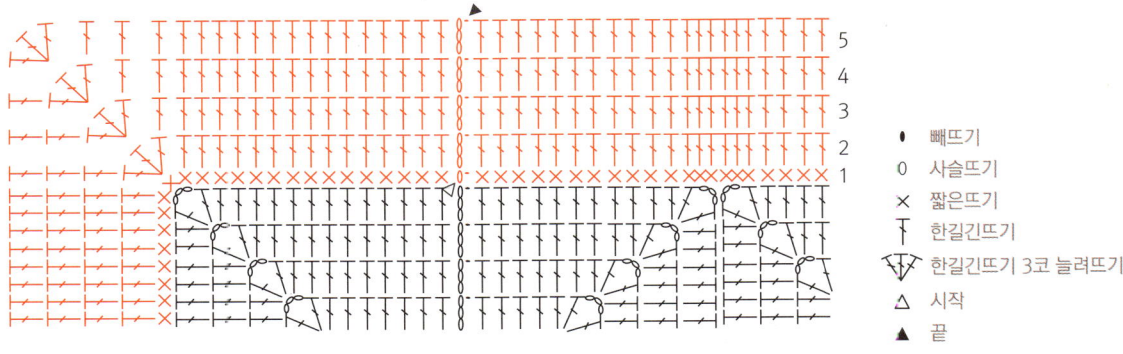

5
4
3
2
1

● 빼뜨기
0 사슬뜨기
× 짧은뜨기
† 한길긴뜨기
⩊ 한길긴뜨기 3코 늘려뜨기
△ 시작
▲ 끝

TIP 인견 실을 사용하면 시원한 여름 블랭킷을, 면이나 울 실을 사용하면 따뜻한 겨울 블랭킷을 만들 수 있다.

8 조각조각 조각보

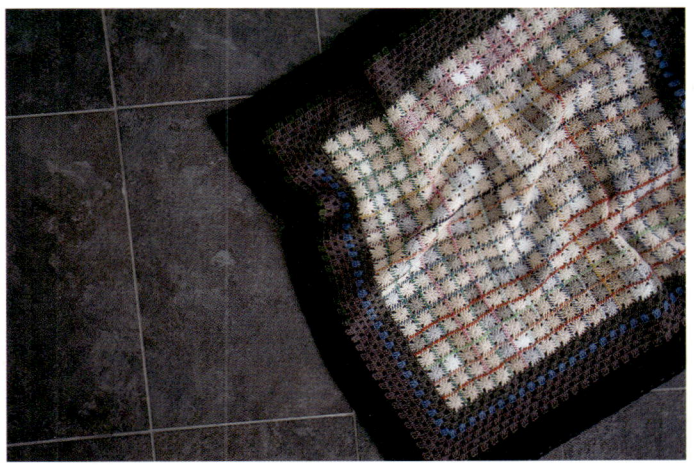

작은 1단 모티브로 이뤄진 아기자기한 조각보를 머릿속에 떠올리고

틈틈이 1단 모티브를 떠서 유리병에 모아두었습니다.

꽤 많은 모티브가 모인 날, 유리병을 탈탈 털어내어 차근차근 연결해보았어요.

밋밋한 색감의 모티브 대신 연결하는 실을 원색으로 했더니 금세 생동감이 살아납니다.

조각조각 조각보

바늘	모사용 코바늘 5호
실 색상	옅은 파스텔 계열 6가지색, 파란색, 갈색, 카키색, 검은색, 다양한 원색 5~6가지
게이지	사각 모티브 B(1~4단)=9cm
완성 크기	86cm×86cm

· 뜨는 법 ·

옅은 파스텔 계열 색상 6가지로 1단 사각 모티브 361개를 뜬다.

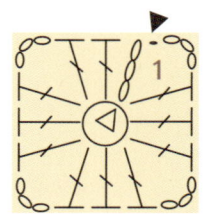

- **·** 빼뜨기
- **0** 사슬뜨기
- **┬** 한길긴뜨기
- **△** 시작
- **▲** 끝

1단 사각 모티브를 361개 뜬 모습.

1 돗바늘에 원색 실을 꿰어, 가로 19개×세로 19개로 모티브를 연결한다.

2 갈색, 파란색, 카키색, 검은색 실로 조각보의 테두리를 14단까지 뜬다.

테두리는 14단까지 뜬다

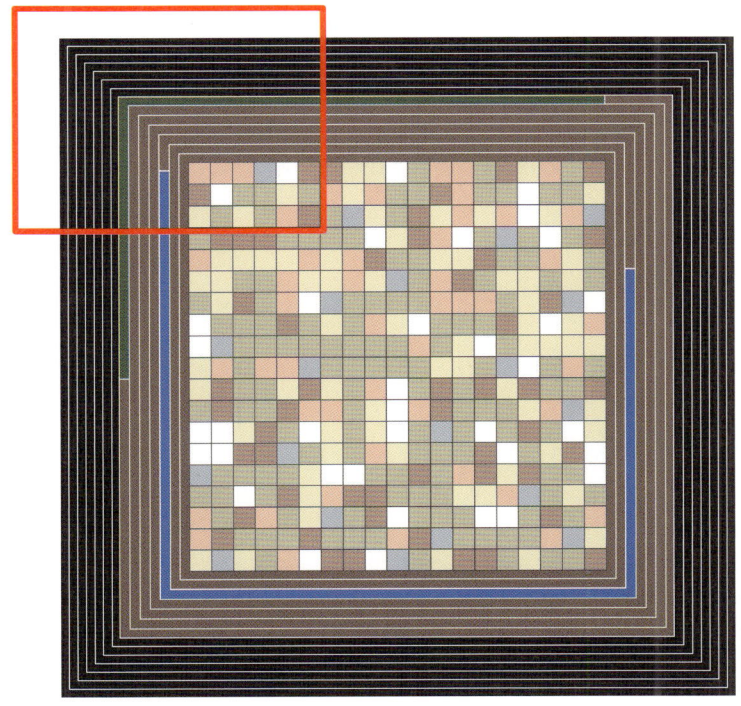

9 스물두 조각 가방

사각 모티브 스물두 조각으로 만든 가방이에요.

여러 개의 모티브가 어우러지는 만큼 실 색감에 따라 분위기가 달라지므로,

원하는 느낌을 구현해 줄 실을 잘 고르는 일이 중요해요.

저는 가을 분위기가 나는 색들로 조합해봤어요.

뜨개 가방은 내용물을 넣는 순간 아래로 쳐지기가 쉬워요.

이럴 때는 안감이 필요합니다.

안감을 덧대면 가방의 형태를 보다 온전하게 유지하며 사용할 수 있어요.

차분한 색상의 뜨개실을 선택했다면 화사한 플라워 프린트 안감을 선택하여

반전 매력을 주는 것도 재미있어요.

스물두 조각 가방

바늘	모사용 코바늘 6호
실 색상	베이지색, 회색, 올리브색, 하늘색, 파란색, 카멜색, 밤색
기타	면 원단, 가죽 가방끈
게이지	사각 모티브 B(1~4단)=10cm
완성 크기	40cm×50cm

· 뜨는 법 ·

6단 사각 모티브 22개를 뜬다.

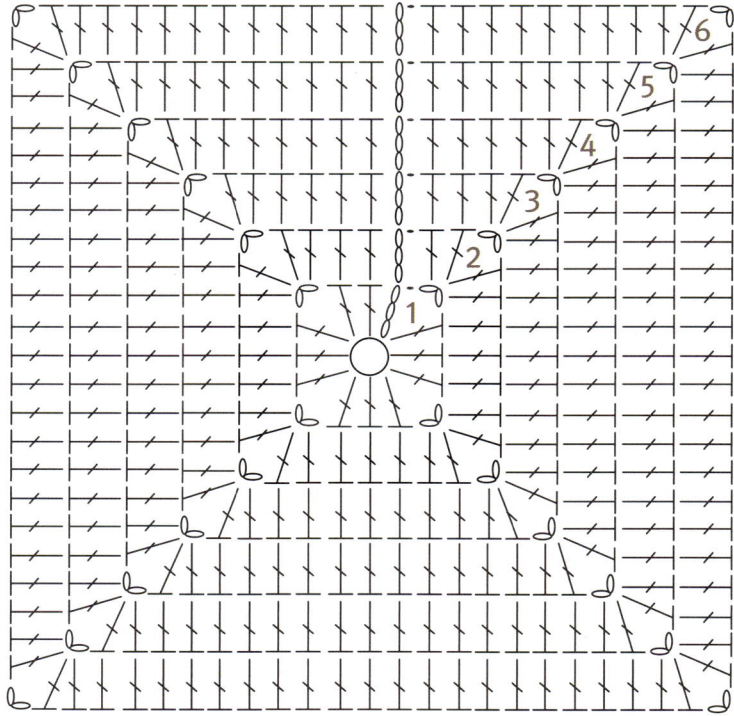

●	빼뜨기
○	사슬뜨기
⊤	한길긴뜨기
△	시작
▲	끝

1 하단의 그림처럼 22개의 모티브를 펼쳐놓고 돗바늘로 연결한다.

모티브 전개와 연결 순서

2 안감을 만드는데, 면 원단 위에 사각 모티브 전개도를 올려놓고 사방으로 1cm씩 크게 재단하여(시접 1cm) 원단을 자른다. 바느질실로 홈질하여 가방 안감을 만든다.

3 연결해놓은 22조각 모티브의 양옆을 71쪽 그림에 있는 번호 순서대로 꿰매 입체감 있는 가방으로 완성한다.

안감 재단

시접1cm

TIP 안감을 따로 만든 뒤 뜨개 가방 안에
넣어 입구를 잇는 방법으로 진행한다.

4 스물두 조각 가방 안에 **2**에서 만든 안감을 집어넣고 가방 입구 부분
을 안감과 함께 감침질한다.

5 가방 입구 부분에 그림처럼 가방끈을 단다.

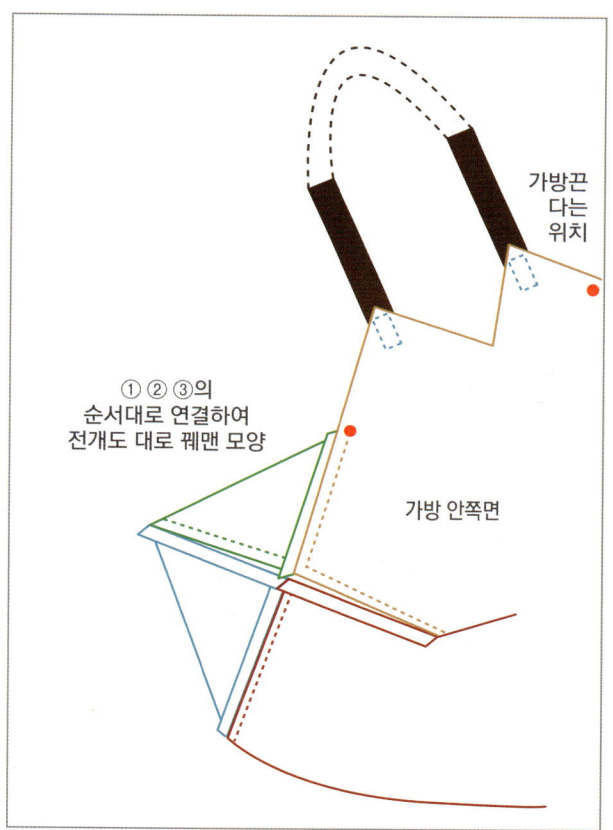

10 추억의 테트리스 블랭킷

색만 달리하면 똑같은 사각 모티브를
전혀 다른 패턴으로 연출할 수 있어요.
모티브를 테트리스 조각처럼 연결한 테트리스 블랭킷은
유쾌한 느낌을 주어서 아이들 낮잠 이불로 잘 어울려요.

추억의 테트리스 블랭킷

바늘	모사용 코바늘 5호
실 색상	빨간색, 주황색, 노란색, 초록색, 파란색, 남색, 보라색, 갈색
게이지	사각 모티브 B(1~4단)=9cm
완성 크기	70cm×97cm

· 뜨는 법 ·

3단 사각 모티브 112개를 뜬다. 빨간색, 파란색, 주황색, 노란색, 초록색, 남색, 보라색으로 각각 16개씩 뜬다.

3단 모티브와 테두리

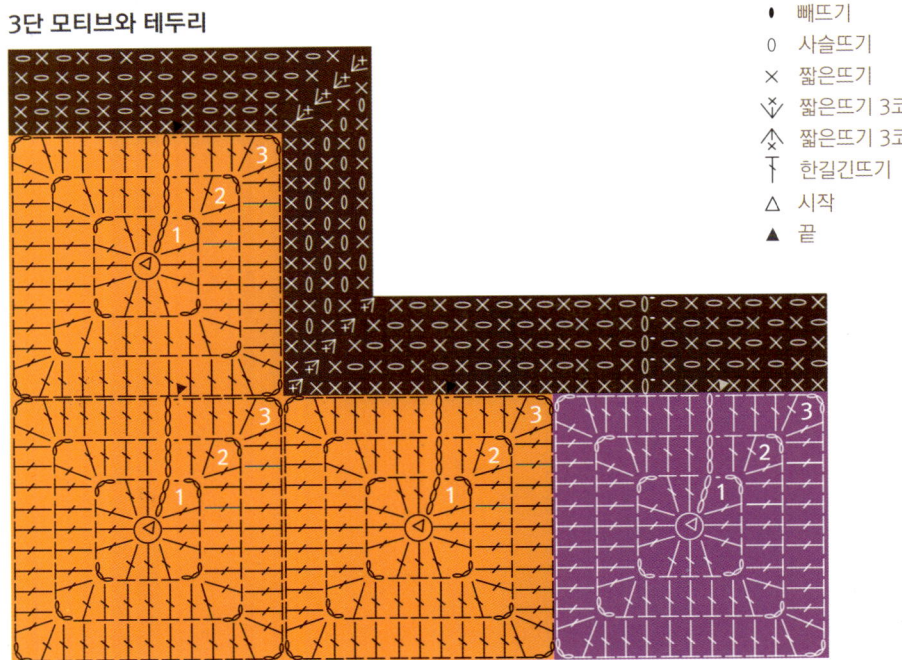

•	빼뜨기
0	사슬뜨기
×	짧은뜨기
↓	짧은뜨기 3코 늘려뜨기
⋏	짧은뜨기 3코 모아뜨기
┬	한길긴뜨기
△	시작
▲	끝

· 만드는 법 ·

1 돗바늘을 이용해 사각 모티브를 여러 가지 테트리스 조각 모양으로 먼저 꿰매고,
조각들을 조합하여 담요 전체의 모양을 만든 뒤 서로 꿰맨다.

2 갈색 실로 블랭킷의 테두리를 뜬다.

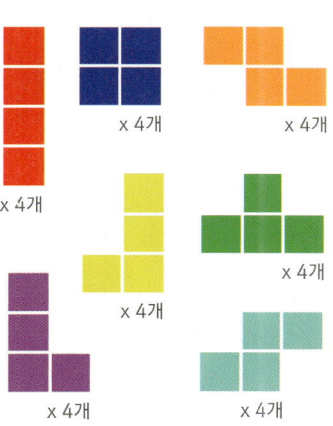

11 중후한 매력의 크로스 포인트 블랭킷

테트리스 블랭킷과 같은 방법으로 만든 작품입니다.

십자 모양으로 컬러를 배치해 전혀 다른 느낌으로 연출했어요.

차분한 색으로 만들어 중후한 멋이 있는 블랭킷입니다.

중후한 매력의 크로스 포인트 블랭킷

바늘   모사용 코바늘 5호
실 색상   초록색, 보라색, 연보라색, 하늘색, 황토색, 카키색, 민트색, 회색, 벽돌색, 베이지색, 아이보리색, 파란색, 남색
게이지   사각 모티브 B(1~4단)=9cm
완성 크기   150cm×130cm

• 뜨는 법 •

5단 사각 모티브 111개를 뜬다. 초록색 14개, 보라색 10개, 연보라색 7개, 하늘색 8개, 황토색 7개, 카키색 10개, 민트색 7개, 회색 7개, 벽돌색 14개, 베이지색 6개, 아이보리색 6개, 파란색 10개, 남색 5개를 뜬다.

5단 모티브와 테두리

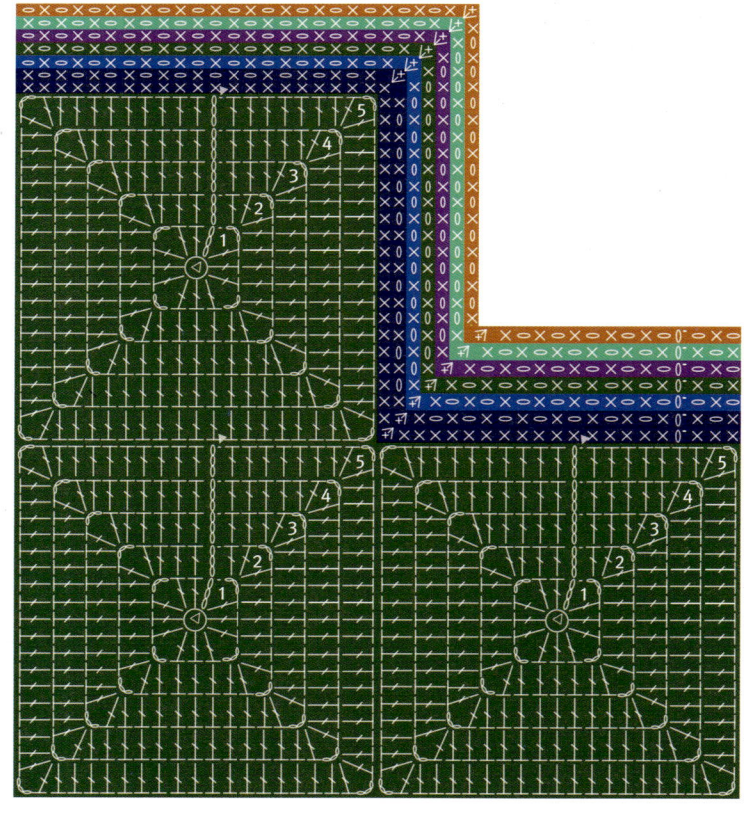

●	빼뜨기
0	사슬뜨기
×	짧은뜨기
⋎	짧은뜨기 3코 늘려뜨기
⋏	짧은뜨기 3코 모아뜨기
┬	한길긴뜨기
△	시작
▲	끝

1 돗바늘을 이용하여 사각 모티브들을 십자가 모양으로 먼저 꿰매고, 각 조각들을 서로 잇는다.

2 사각 모티브를 뜨고 남은 실들로 5~6단가량 블랭킷의 테두리를 뜬다.

TIP 인접하는 두 조각의 색상 중 한 가지 색상을 선택하여 이으면 보다 자연스럽게 연결된다.

12 기모노 느낌의 카디건

'진동선 없이 사각 모티브 연결만으로 멋스러운 옷을 만들 수는 없을까?'
팔소매를 생략하면 가능할 것 같아서
망토 형태의 오버사이즈 카디건을 만들어보았습니다.

만드는 과정이 어렵지 않아서 마음에 들었어요.

단순한 구성이지만 입는 재미가 있고,

위아래를 돌려 입을 수 있어서 다양하게 연출할 수 있어요.

기모노 느낌의 카디건

바늘	모사용 코바늘 7호
실 색상	짙은 회색, 회색, 밤색, 남색, 베이지색, 하늘색, 카키색
게이지	사각 모티브 B(1~4단)=12cm
완성 크기	164cm×76cm

· 뜨는 법 ·

14단 사각 모티브 4개와 11단 사각 모티브 3개를 뜬다.

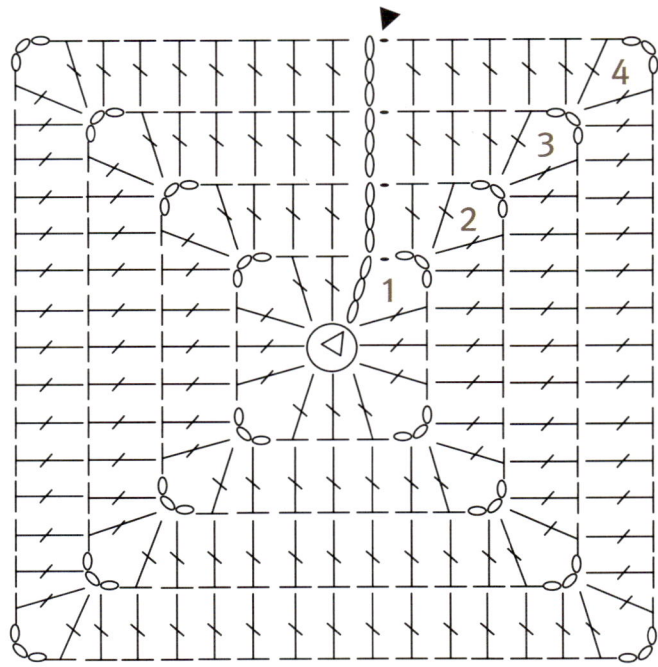

● 빼뜨기
0 사슬뜨기
┬ 한길긴뜨기
△ 시작
▲ 끝

TIP 울 함량이 높을수록 보온효과가 좋다.

1 14단 모티브 4개를 돗바늘을 이용해 한 줄로 나란히 꿰맨다.

2 11단 모티브 3개를 돗바늘을 이용해 한 줄로 나란히 꿰맨다.

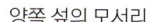

한길긴뜨기 1단

3 **1**과 **2**의 중심을 맞추고, 중심에서 밖으로 돗바늘로 꿰매서 연결한다.

4 짙은 회색 실을 이용해, **2**의 아래쪽에 한길긴뜨기로 1단을 뜬다.

5 양 끝의 모티브를 22코씩 서로 연결한다(그림의 ✳ 부분).

소매 연결 부분

양쪽 섶의 모서리

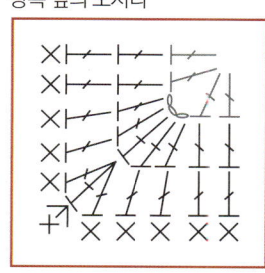

○	사슬뜨기
✕	짧은뜨기
⋔	짧은뜨기 3코 늘려뜨기
⟊	한길긴뜨기
⟱	한길긴뜨기 3코 늘려뜨기

6 소매 부분을 제외한 나머지 테두리 부분(카디건의 네크라인과 밑단)에 짙은 회색 실로 한길긴뜨기로 2단을 뜨고, 마지막
단은 하늘색 실로 짧은뜨기한다.
양쪽 섶의 모서리 부분은 위의 빨간 라인 박스 도안대로 코를 늘리며 뜬다.

13 클러치 백

가방을 들고나가자니 부담스럽고, 맨손으로 나가자니 뭔가 허전하고.

이럴 때 들기 좋은 클러치 백을 만들었어요.

단순한 디자인에 스웨이드 끈으로

포인트만 넣었는데도 근사한 모양이 완성됐어요.

안감으로는 도톰한 펠트지를 사용해서 가방의 형태를 힘 있게 잡아주었어요.

클러치 백

바늘	모사용 코바늘 7호
실 색상	청록색, 풀색, 다홍색(가죽 실)
기타	펠트지(짙은 파란색), 자석 단추
게이지	사각 모티브 B(1~4단)=12cm
완성 크기	24cm×12cm

• 뜨는 법 •

1 청록색 실과 풀색 실을 합사하여 8단 사각 모티브 한 장을 뜬다.

2 청록색 실 2줄로, 2단 사각 모티브 6개를 떠서 나란히 연결한다.

• 만드는 법 •

1 안감을 만드는데, 8단 사각 모티브의 크기보다 사방 1cm씩 작은 크기로 안감용 펠트지를 재단한다.
안감을 반으로 접어 양옆 0.5cm를 바느질실로 꿰맨다.

안감 펠트지

0.5cm

반을 접는다

2 8단 모티브를 반으로 접은 뒤 돗바늘로 양옆을 꿰맨다.

8단 모티브

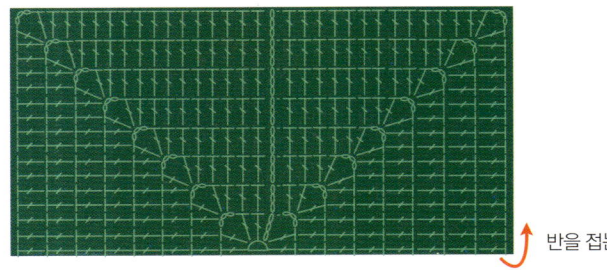

반을 접는다

3 6개를 연결해 놓은 2단 사각 모티브를 접어
놓은 8단 사각 모티브의 중앙에 돗바늘로
연결한다.

6개를 연결해 놓은 2단 사각 모티브 중 끝
부분 2개는 클러치 백의 여닫이 부분이므로
꿰매지 않고 남겨둔다.

TIP 8단 모티브에 2단 모티브들을 미리 연결해놓고
접으면 두께 때문에 자연스럽게 접히지 않는다.

4 남겨둔 2단 사각 모티브 2개(클러치 백의
여닫이 부분)에 그림처럼 다홍색 가죽 실을
이용해 짧은뜨기로 포인트를 준다.

TIP 사각 모티브 위로 가죽 실이 겹치도록 뜬다. 이
방법이 어렵다면, 돗바늘에 가죽 실을 끼워 바느질
하듯 스티치를 넣어도 좋다.

5 안감용 펠트지를 클러치 백 안에 넣고 바느
질실을 이용해 공그르기하거나 감침질로 고
정한다. 안감이 뜨지 않도록 꼼꼼히 바느질
한다.

적절한 위치에 바느질실로 자석 단추를 꿰
맨다.

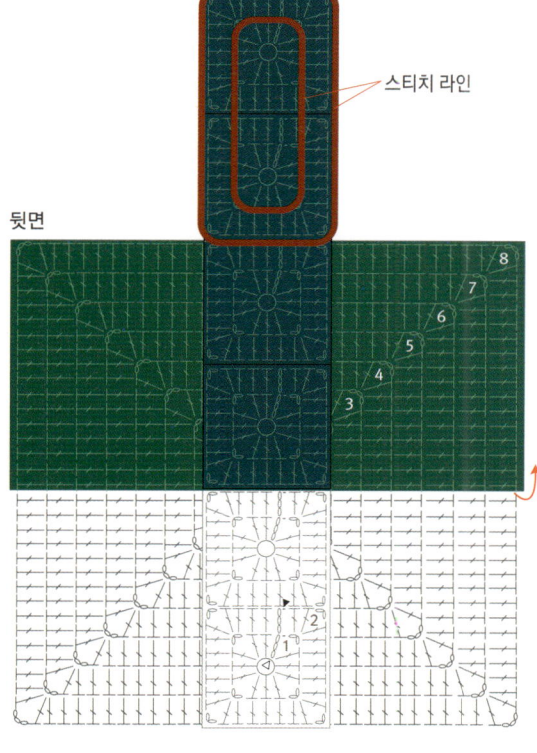

뒷면

스티치 라인

● 빼뜨기
0 사슬뜨기
† 한길긴뜨기
△ 시작
▲ 끝

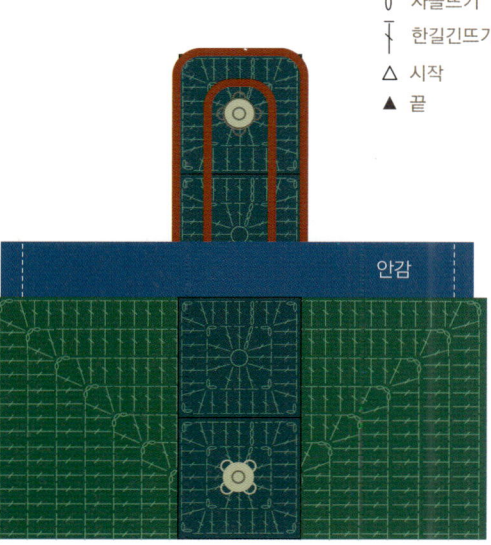

안감

앞면

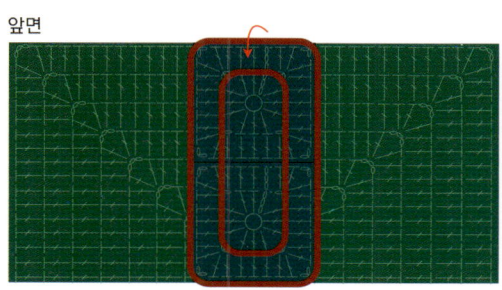

14 리넨 느낌 스크랩

화려한 색의 실 대신 리넨 소재의 실을 선택하여
자연스럽고 소박한 전통 모시 조각보 느낌을 연출했어요.
천연소재이니 키친 클로스로 사용해도 좋아요.

리넨 느낌 스크랩

바늘	모사용 코바늘 5호
실 색상	연갈색, 하얀색
게이지	사각 모티브 B(1~4단)=9cm
완성 크기	65cm×56cm

· 뜨는 법 ·

연갈색 실로 사각 모티브 25개를 뜬다.

모티브 크기별 개수

단수	2	4	6	8	12	14
개수	11	6	3	3	1	1

•	빼뜨기
0	사슬뜨기
┬	한길긴뜨기
△	시작
▲	끝

· 만드는 법 ·

그림처럼 모티브를 배치하고 하얀색 실로 모티브를 연결한다. 되도록 같은 크기의 모티브부터 돗바늘로 감침질하듯 꿰맨다.

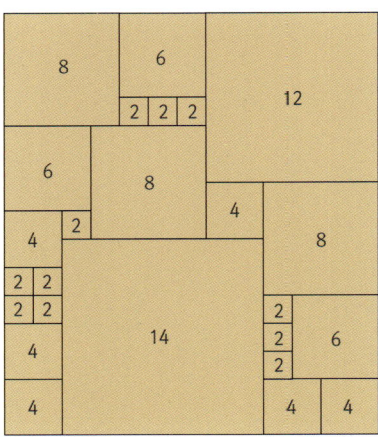

15 알록달록 스크랩

다양한 크기의 사각 모티브를 서로 연결하면

일정한 패턴의 모티브를 잇는 것과는 또 다른 재미를 느낄 수 있어요.

다만, 크기가 다른 모티브들을 무작정 연결하면 완성될 모양을 예측하기 어려우니

모티브를 뜨기 전에 모눈종이 위에 미리 도안을 그려보세요.

그린 곳에 색을 칠해 놓고 뜨개를 시작하는 것도 좋은 방법입니다.

커다란 스크랩은 블랭킷으로, 중간 크기의 스크랩은 조그만 커튼으로,

작은 스크랩은 키친 클로스나 바구니 덮개로 활용할 수 있어요.

알록달록 스크랩

바늘	모사용 코바늘 5호
실 색상	다양한 원색
게이지	사각 모티브 B(1~4단)=9cm
완성 크기	115cm×120cm

• 뜨는 법 •

여러 가지 크기의 사각 모티브 40개를 뜬다.

단수	개수
2	6
3	7
4	9
5	6
6	3
7	1
8	4
9	1
10	3

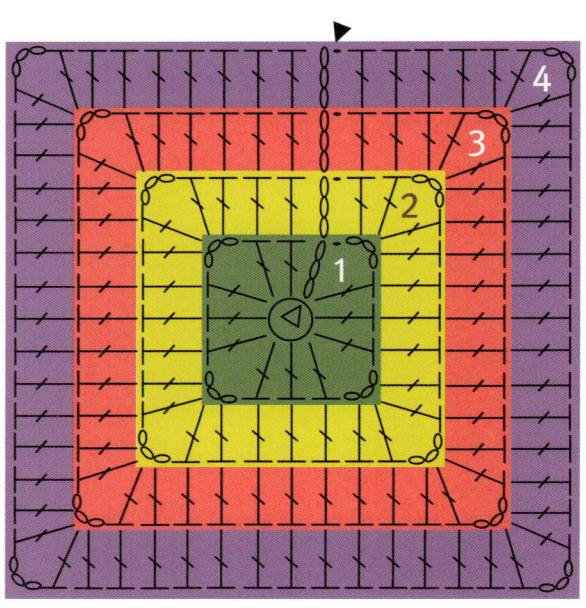

❙	빼뜨기
O	사슬뜨기
ￗ	한길긴뜨기
△	시작
▲	끝

1 그림처럼 모티브를 배치한 뒤 연결한다. 꿰매는 실의 색상과는 관계없이 되도록 같은 크기의 모티브부터 돗바늘로 감침 질하듯 꿰맨다.

2 1을 한 개 더 만들어 2개를 연결한다.

x 1

③ 원 모티브 응용 작품

⑯ 모티브 포인트 바구니

바구니를 자주 사용합니다.

집안에서 자질구레한 물건이나 채소를 보관하기도 하고, 가벼운 외출에도 자주 들어요.

제가 가지고 있는 비슷비슷한 바구니들에 재미를 주고 싶어서 모티브를 활용해봤어요.

크기가 다른 원 모티브를 붙이는 것만으로도 밋밋했던 바구니에 생동감이 생겨납니다.

모티브 포인트 바구니

바늘	모사용 코바늘 5호
실 색상	베이지색, 회색, 밤색, 카멜색, 팥죽색, 인디보라색, 주황색
기타	라탄 바구니, 글루건
게이지	원 모티브 A(1~4단)=5cm

• 뜨는 법 •

2단에서 8단까지 다양한 크기의 원 모티브를 뜬다.

• 만드는 법 •

다양한 크기의 원 모티브를 바구니에 자유롭게 붙인다.

TIP 글루건으로 붙인 뒤에는 수정이 어려우니 꼭 바구니 위에 모티브를 미리 배열해보세요!

바구니(33cmx28cm)

3단 모티브

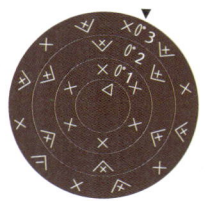

팥죽색(1)+베이지색(1)

단수	1	2	3
콧수	6	12	18

4단 모티브

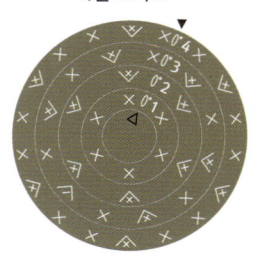

카멜색(1)+베이지색(1)

단수	1	2	3	4
콧수	6	12	18	24

●	빼뜨기
0	사슬뜨기
×	짧은뜨기
⋎	짧은뜨기 2코 늘려뜨기
△	시작
▲	끝

5단 모티브

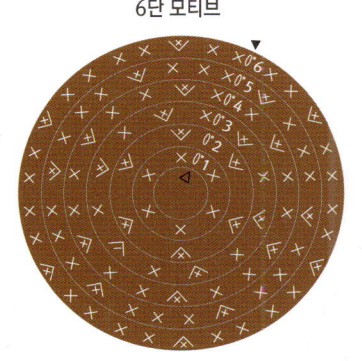

주황색(1)−카멜색(1)

단수	1	2	3	4	5
콧수	6	12	18	24	30

6단 모티브

밤색(1)+카멜색(1)

단수	1	2	3	4	5	6
콧수	6	12	18	24	30	36

7단 모티브

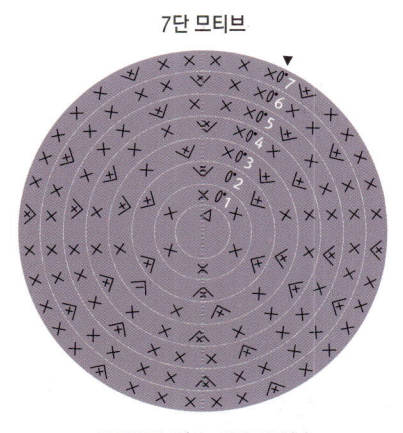

인디보라색(1)+베이지색(1)

단수	1	2	3	4	5	6	7
콧수	6	12	18	24	30	36	42

8단 모티브

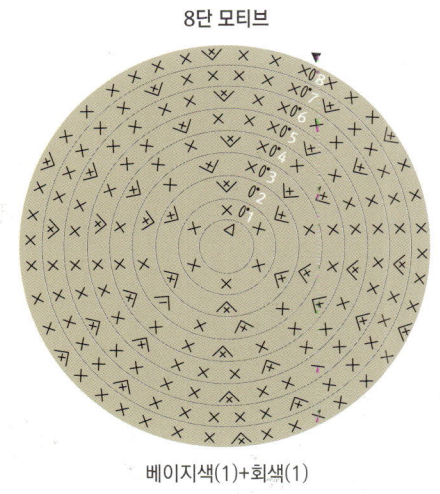

베이지색(1)+회색(1)

단수	1	2	3	4	5	6	7	8
콧수	6	12	18	24	30	36	42	48

⑰ 분위기 있는 코스터

한겨울의 코스터는 찻잔의 따뜻함을 유지해주고,

한여름의 코스터는 잔에 맺히는 물방울을 흡수해줍니다.

사계절 내내 유용하게 쓰이는 만큼,

코스터는 여러 장 가지고 있어도 계속 욕심이 납니다.

작은 컵에는 작게, 큰 컵에는 크게.

함께 사용할 컵의 크기에 맞춰 단수를 조절해서 떠 보세요.

좋아하는 컵에 가장 잘 어울리는, 나만의 코스터가 될 거예요.

분위기 있는 코스터

바늘	모사용 코바늘 7호
실 색상	남색, 카멜색, 청록색, 보라색, 벽돌색, 베이지색
기타	포인트 라벨
게이지	원 모티브 A(1~4단)=7cm
완성 크기	18cm×18cm

· 뜨는 법 ·

14단 원 모티브 2개를 뜬다.

앞면

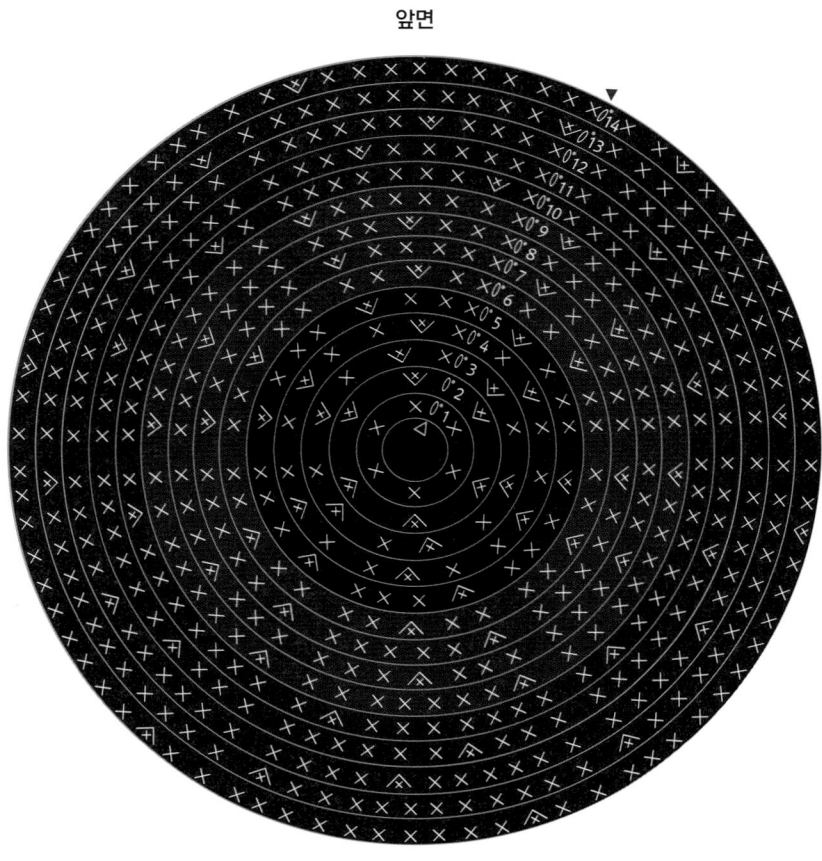

배색표

단수	색상
1~5	벽돌색(1)+남색(1)
6~9	벽돌색(1)+청록색(1)
10~11	카멜색(1)+청록색(1)
12~14	카멜색(1)+보라색(1)

단수	1	2	3	4	5	6	7	8	9	10	11	12	13	14
콧수	6	12	18	24	30	36	42	48	54	60	66	72	78	84

뒷면

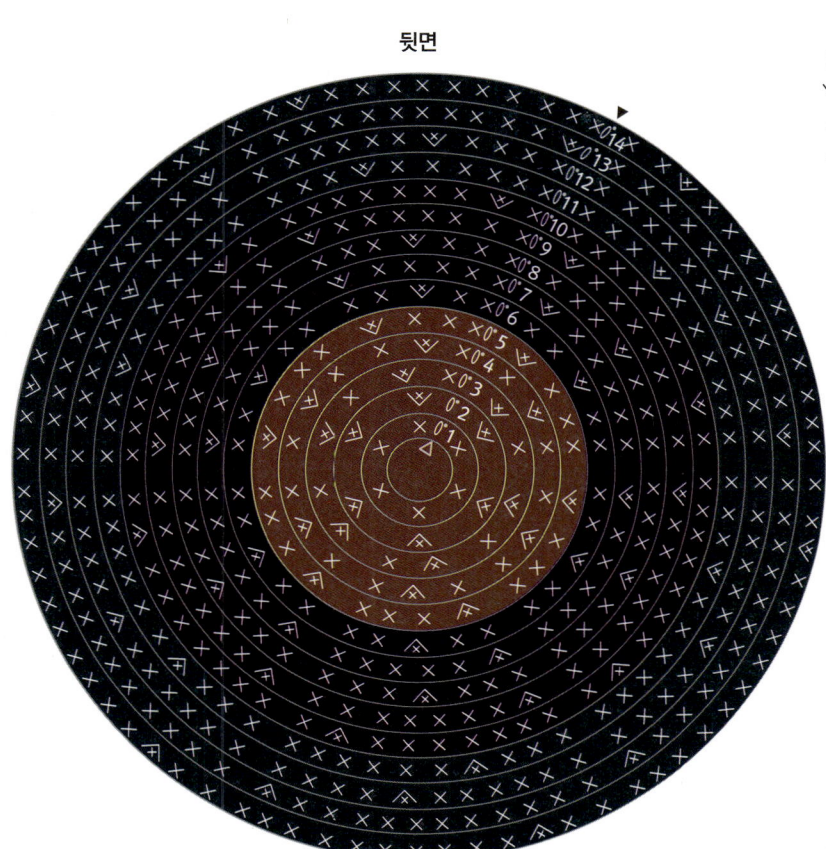

	빼뜨기
0	사슬뜨기
×	짧은뜨기
⋎	짧은뜨기 2코 늘려뜨기
△	시작
▲	끝

배색표

단수	색상
1~5	벽돌색(2)
6~10	남색(2)
11~14	청록색(2)

단수	1	2	3	4	5	6	7	8	9	10	11	12	13	14
콧수	6	12	18	24	30	36	42	48	54	60	66	72	78	84

· 만드는 법 ·

1 완성된 2개의 원 모티브(앞면, 뒷면)를 겹쳐놓고 돗바늘을 이용해 감침질로 꿰맨다.

　※ 감침질 실은 베이지색 1줄+카멜색 1줄을 합사하여 사용한다.

2 적당한 위치에 포인트 라벨을 단다.

⑱ 요요 밸런스

각양각색의 자투리 실로 3단 원 모티브를 뜨고 나서

통일감을 줄 한 가지 색으로 4단을 마저 떠서 마무리하면,

완성도 있는 요요 밸런스가 됩니다.

작은 창가에 밸런스로 걸어두어도 예쁘고

소파에 살짝 얹어놓기만 해도 색다른 분위기가 나요.

요요 밸런스

바늘	모사용 코바늘 7호
실 색상	여러 색의 자투리 실, 하늘색, 빨간색
게이지	원 모티브 A(1~4단)=7cm
완성 크기	58cm×38cm

· 뜨는 법 ·

1 자투리 실로 3단 원 모티브 54개를 뜬다.

2 54개의 모티브가 완성되었다면 하늘색 실로 각 원 모티브의 4단을 뜬다.

TIP 이렇게 4단을 나중에 한꺼번에 뜨면 모티브 크기가 균일하게 완성된다.

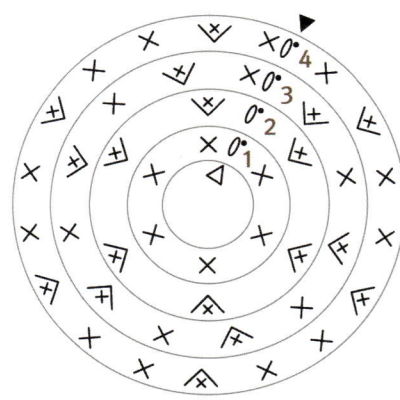

•	빼뜨기
0	사슬뜨기
✕	짧은뜨기
✖	짧은뜨기 2코 늘려뜨기
△	시작
▲	끝

단수	1	2	3	4
콧수	6	12	18	24

돗바늘에 빨간색 실을 꿰어 아래 그림과 같이 모티브들을 연결한다.

⑲ 달콤한 원형 러너

소풍 돗자리로 알록달록 무지개 러너를 추천합니다.

초록색 잔디밭에서 더할 나위 없이 빛을 발하는 색감이지요.

간단히 도시락을 즐기는 피크닉이라면

은은한 파스텔 톤의 러너도 잘 어울려요.

예쁜 도시락을 더 돋보이게 해주거든요.

돗자리는 사각형이라는 고정관념에서 벗어나 보세요.

물론 원형 러너는 집안에서 카펫으로 사용하기에도 좋아요.

달콤한 원형 러너

바늘	모사용 코바늘 10호
실 색상	빨간색, 파란색, 하늘색, 보라색, 분홍색, 흐린 인디핑크색, 주황색, 밤색, 녹색, 민트색, 노란색, 진한 베이지색, 베이지색, 흐린 베이지색
게이지	원 모티브 A(1~4단)=9cm
완성 크기	100cm×100cm

· 뜨는 법 ·

1 배색표를 참고하여 원 모티브를 60단을 뜬다.

2 61단은 코 늘림 없이 되돌아 짧은뜨기(13p 참조)로 뜬다.

TIP 물감을 섞어 조색하듯 다른 색의 실 5줄을 합사하여 컬러를 만든다. 처음엔 빨간색을 중심으로 파란색, 보라색, 분홍색, 밤색을 합사하여 진한 붉은 톤을 강조하고 서서히 파란색과 보라색 대신 녹색과 민트색 실을 합사하여 푸른 톤으로 뜬다. 어느 정도 푸른 톤을 뜨면, 녹색과 민트색 대신 노란색과 베이지색 실로 노란 톤을 이어간다. 노란색 계열의 실을 충분히 썼다면 다시 붉은 톤의 실로 교체한다. 단수와 콧수를 계산하여 색을 배열하기보다는 감각에 따라 자연스럽게 바꾸면 그러데이션이 더욱 예쁘게 표현된다. 색상을 고려하지 않고 실 다섯 줄을 손에 잡히는 대로 집어서 떠도 의외로 근사한 색감이 만들어진다.

배색표

단수	색상
1~7	파란색+보라색+밤색+분홍색+빨간색
8~12	진한 베이지색+주황색+밤색+분홍색+빨간색
13~16	진한 베이지색+주황색+녹색+분홍색+민트색
17~19	진한 베이지색+보라색+녹색+하늘+민트색
20~22	파란색+보라색+녹색+하늘색+민트색
23~26	노란색+보라색+녹색+하늘색+민트색
27~28	노란색+보라색+녹색+진한 베이지색+베이지색
29~31	노란색+흐린 인디핑크색+녹색+진한 베이지색+베이지색
32~34	노란색+흐린 인디핑크색+주황색+진한 베이지색+베이지색
35~38	노란색+흐린 인디핑크색+주황색+분홍색+흐린 베이지색
39~41	빨간색+흐린 인디핑크색+주황색+분홍색+흐린 베이지색
42~43	빨간색+흐린 인디핑크색+주황색+분홍색+베이지색
44~46	빨간색+밤색+주황색+분홍색+베이지색
47~48	빨간색+밤색+진한 베이지색+주황색+분홍색
49~50	빨간색+밤색+진한 베이지색+보라색+분홍색
51~54	빨간색+밤색+보라색+민트색+하늘색
55~56	밤색+녹색+보라색+민트색+하늘색
57~58	밤색+녹색+파란색+민트색+하늘색
59~60	베이지+녹색+파란색+민트색+하늘색
61	베이지+녹색+파란색+노란색+하늘색

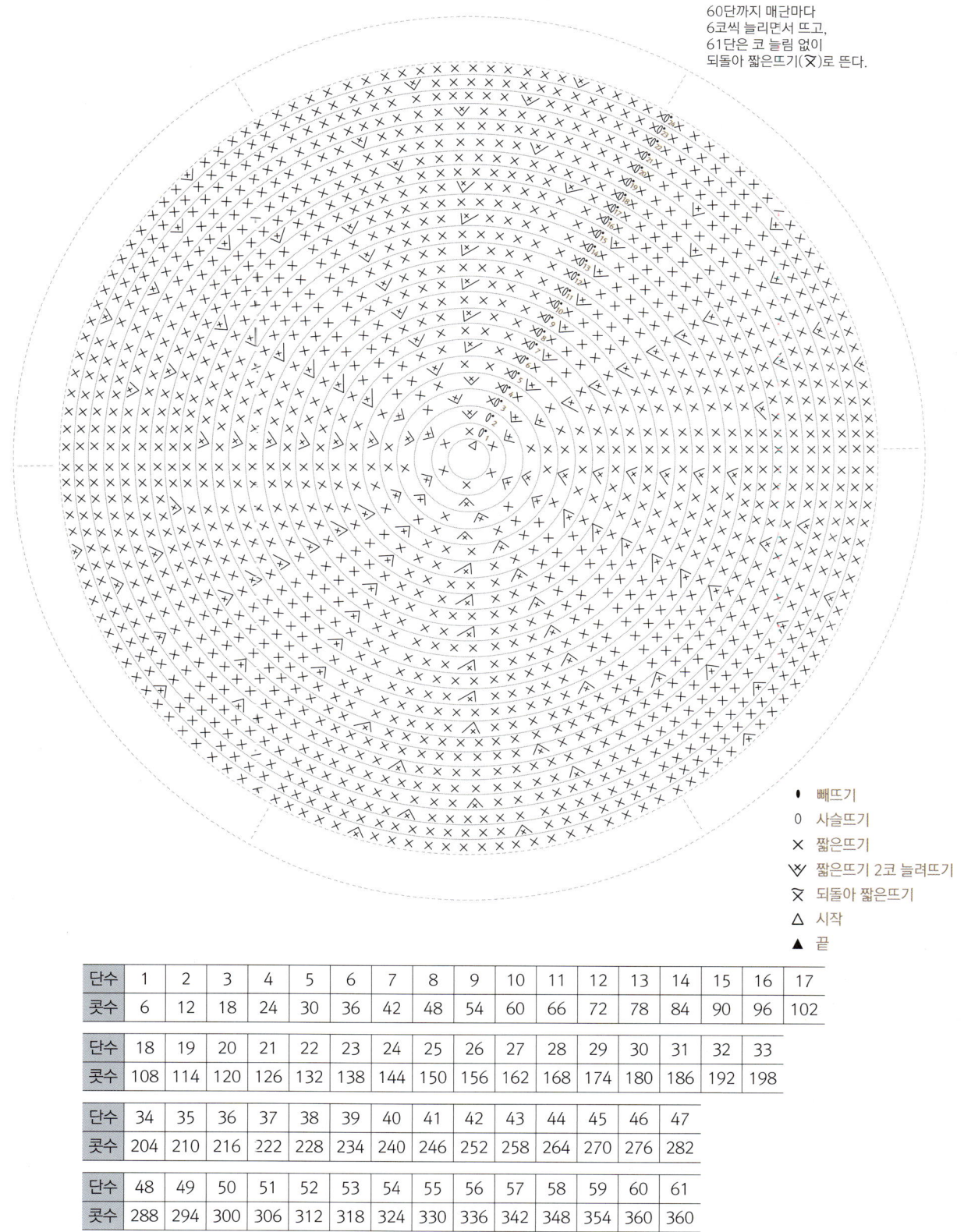

60단까지 매단마다
6코씩 늘리면서 뜨고,
61단은 코 늘림 없이
되돌아 짧은뜨기(⊼)로 뜬다.

기호	설명
•	빼뜨기
0	사슬뜨기
×	짧은뜨기
₩	짧은뜨기 2코 늘려뜨기
⊼	되돌아 짧은뜨기
△	시작
▲	끝

단수	1	2	3	4	5	6	7	8	9	10	11	12	13	14	15	16	17
콧수	6	12	18	24	30	36	42	48	54	60	66	72	78	84	90	96	102

단수	18	19	20	21	22	23	24	25	26	27	28	29	30	31	32	33
콧수	108	114	120	126	132	138	144	150	156	162	168	174	180	186	192	198

단수	34	35	36	37	38	39	40	41	42	43	44	45	46	47
콧수	204	210	216	222	228	234	240	246	252	258	264	270	276	282

단수	48	49	50	51	52	53	54	55	56	57	58	59	60	61
콧수	288	294	300	306	312	318	324	330	336	342	348	354	360	360

㉇ 스마일과 체리 동전지갑

한 손에 쏘옥 들어오는 작은 동전지갑은

가방에 하나쯤 넣어가지고 다니면 참 편리하지요.

보고만 있어도 미소가 지어지는 스마일 동전지갑과

동글동글 귀여운 빨간 체리 동전지갑.

직접 만들어 사용해보세요.

스마일과 체리 동전지갑

바늘 모사용 코바늘 5호

실 색상 소라색, 베이지색, 갈색, 짙은 회색, 올리브색, 빨간색

기타 지퍼 15cm

게이지 원 모티브 A(1~4단)=5cm

완성 크기 12cm×12cm

[스마일 동전지갑]

· 뜨는 법 ·

1 10단 원 모티브를 베이지색 1줄+짙은 회색 1줄을 합사하여 2장(앞뒷면)을 뜬다.

2 스마일 동전지갑의 눈으로 사용할 2단 모티브는 베이지색으로 2장 뜬다.

· 만드는 법 ·

1 작은 모티브(2단-눈)를 큰 모티브(10단-지갑 본체) 위에 놓고(하단 그림 참조) 바느질실로 꿰매 눈을 만든다.

2 베이지색 실로 사슬뜨기 18코를 뜬다.

3 미소 짓는 모양으로 만든 후 그림에 표시한 위치에 바느질실로 꿰매 붙인다.

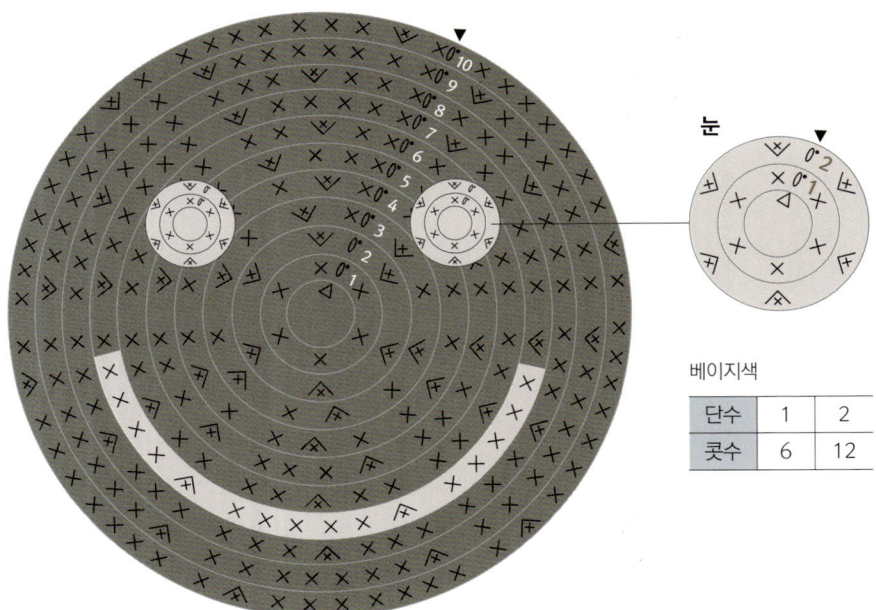

눈

베이지색

단수	1	2
콧수	6	12

갈색(1)+짙은 회색(1) 합사

단수	1	2	3	4	5	6	7	8	9	10
콧수	6	12	18	24	30	36	42	48	54	60

[체리 동전지갑]

・뜨는 법・

1 소라색 1줄+베이지색 1줄을 합사하여 2장(앞뒷면)을 원 모티브 10단으로 뜬다.

2 체리 동전지갑의 열매로 쓸 2단 모티브는 빨간색으로 2장 뜬다.

・만드는 법・

1 작은 모티브(2단-체리 열매)를 큰 모티브(10단-지갑 본체) 위에 놓고(하단 그림 참조) 바느질실로 꿰매 붙인다.

2 올리브색 실로 사슬뜨기 20코를 뜬다.

3 하단 그림을 참조해 체리의 꼭지 부분을 만들고, 바느질실로 꿰매 붙인다.

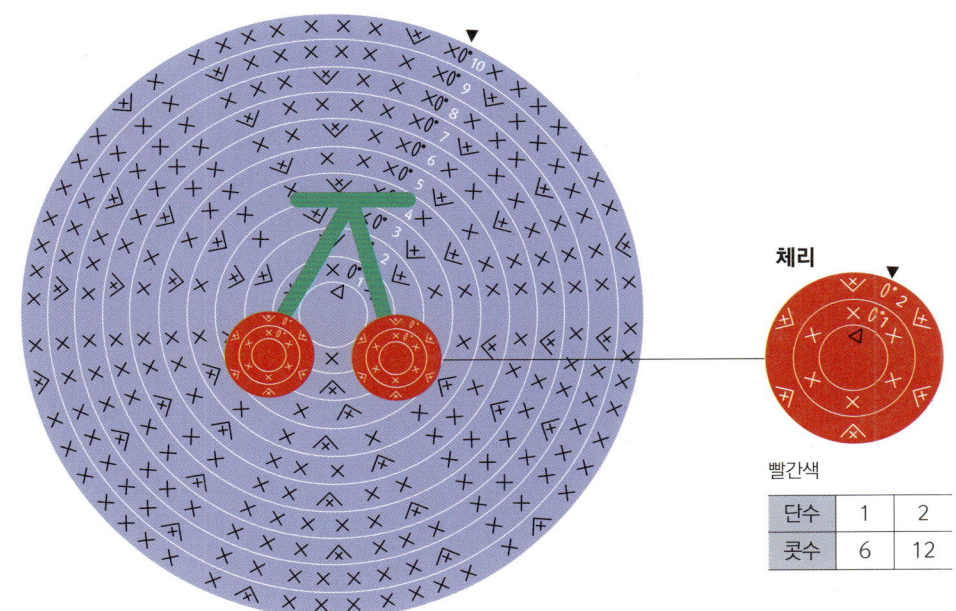

체리

빨간색

단수	1	2
콧수	6	12

- **·** 빼뜨기
- **0** 사슬뜨기
- **×** 짧은뜨기
- **∨∨** 짧은뜨기 2코 늘려뜨기
- **△** 시작
- **▲** 끝

소라색(1)+베이지색(1) 합사

단수	1	2	3	4	5	6	7	8	9	10
콧수	6	12	18	24	30	36	42	48	54	60

[스마일과 체리 동전지갑 공통]

1 두 개의 모티브(10단)를 안쪽으로 마주 보도록 겹쳐놓고, 모티브 윗부분에 바느질실로 지퍼를 단다.

2 지퍼를 달지 않은 테두리 부분은 돗바늘을 이용하여 올리브색 실로 감침질한다.

3 올리브색 실로 사슬뜨기 20코를 뜬 뒤 양 끝을 매듭짓고, 지퍼 손잡이에 포인트로 묶는다.

㉑ 반달 모양 클러치 백

'뜨개 가방'하면 빈티지 느낌의 알록달록한 색 배합이 제일 먼저 떠오르지요.

하지만 뜨개로도 얼마든지 시크한 느낌을 연출할 수가 있어요.

반달 모양 클러치 백은 조금은 빳빳한 실을 사용해서 뜨면 좋아요.

얇고 부드러운 실을 고르면 클러치 백에 힘이 실리지 않아 모양을 잡기 어려워요.

취향에 따라 다양한 소재의 실을 함께 사용해보세요.

힘 있고 질긴 나일론 소재의 실과 거친 느낌의 리넨 실을 합사해서 뜨면

투박한 매력과 견고함을 동시에 느낄 수 있어요.

반달 모양 클러치 백

바늘	모사용 코바늘 8호, 4호
실 색상	검은색(리넨 실), 자주색(나일론 실)
기타	지퍼 30cm, 소프트 펠트지(검은색)
게이지	원 모티브 A(1~4단)=8cm
	원 모티브 B(1단)=2cm
완성 크기	33cm×17cm

• 뜨는 법 •

1 리넨 소재의 검은색 실 1줄과 나일론 소재의 검은색 실 1줄을 합사하여 코바늘 8호로 18단 원 모티브를 뜬다. 19단은 코 늘림 없이 되돌아 짧은뜨기(13p 참조)한다.

2 코바늘 4호를 이용해 자주색 실로 장식용 태슬을 만든다. 한길긴뜨기로 1단 모티브를 11개 뜨고, 실 끝을 20~25cm 가량 남겨두고 자른다. 남겨둔 실의 끝부분을 매듭지어 실이 풀리지 않게 한다.

• 만드는 법 •

1 원 모티브(18단)는 반으로 접는다.
안감용 펠트지를 원 모티브의 지름보다 1.5cm 작은 크기로 재단하고 반으로 접은 원 모티브 안쪽에 넣는다.

2 시침핀으로 안감을 고정한 뒤, 바느질실로 펠트지 가장자리를 시침질하여 가방과 안감을 임시로 연결한다.

3 반으로 접은 원 모티브의 중앙에 바느질실로 지퍼를 단다.

4 지퍼를 달지 않은 부분은 검은색 실을 이용해 돗바늘로 감침질(또는 박음질)한다.

5 11개의 태슬을 지퍼 고리에 끼워 장식한다.

태슬

•	빼뜨기	
0	사슬뜨기	**자주색**
⊤	한길긴뜨기	
△	시작	
▲	끝	

자주색	
단수	1
콧수	12

클러치 백

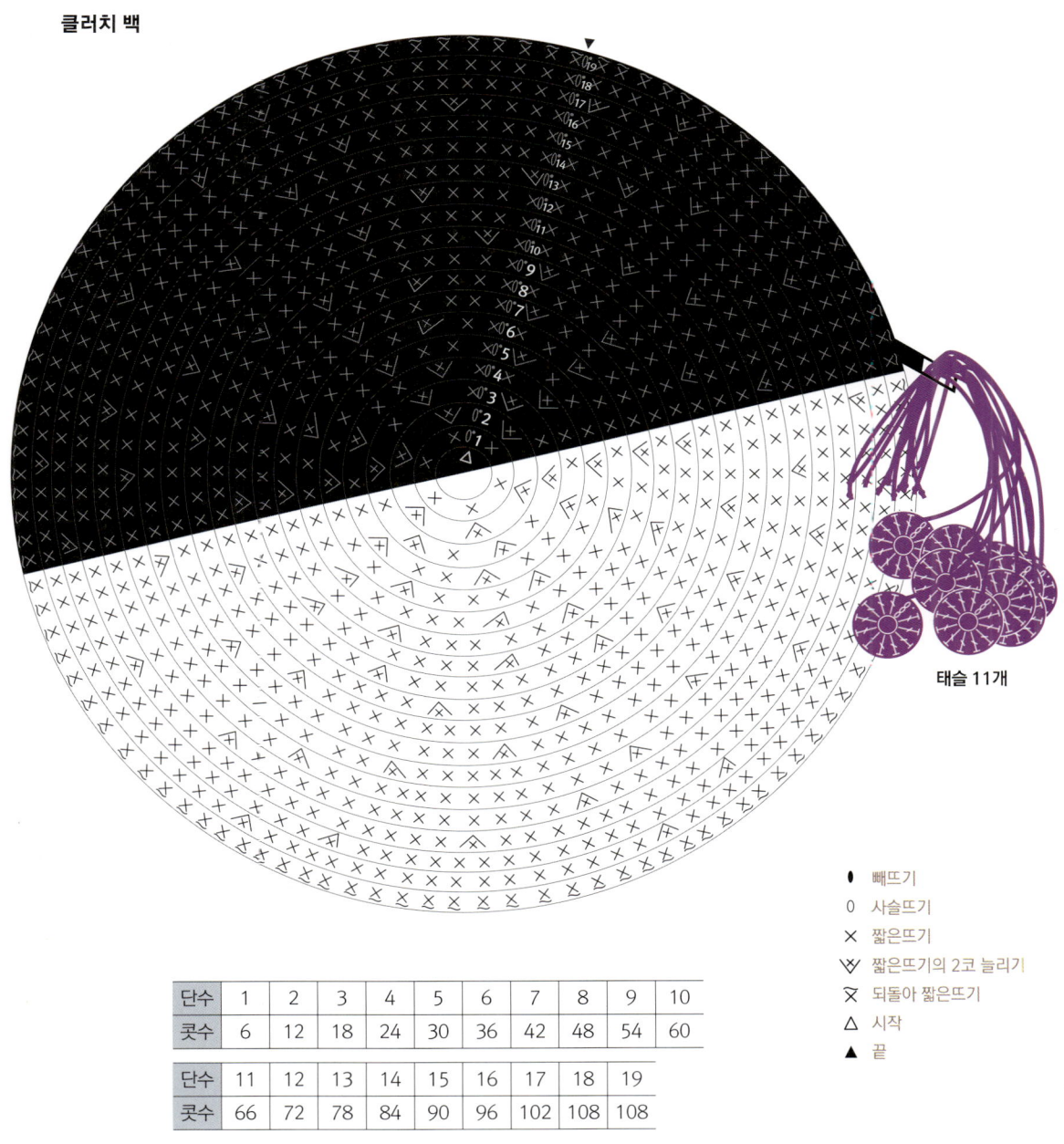

태슬 11개

	빼뜨기
0	사슬뜨기
×	짧은뜨기
⋎	짧은뜨기의 2코 늘리기
⋏	되돌아 짧은뜨기
△	시작
▲	끝

단수	1	2	3	4	5	6	7	8	9	10
콧수	6	12	18	24	30	36	42	48	54	60

단수	11	12	13	14	15	16	17	18	19
콧수	66	72	78	84	90	96	102	108	108

㉒ 유용한 바구니

실을 바닥에 놓고 뜨개질을 하다 보면 실 뭉치들이 이리저리 구르다 서로 얽히는 경우가 있어요.

굴러다니지 않도록 해초 바구니에 담아봤지만 거친 바구니 표면에 실이 걸려서 불편하더라고요.

표면이 부드러운 뜨개 바구니를 만들면 좋겠다는 생각에 실 3가닥을 합사하여 탄탄한 바구니를 떴어요.

바구니 자체만으로도 예쁜 소품이 되고, 양말이나 머플러를 넣어 두기에도 유용합니다.
다양한 크기로 뜨면 사용하지 않을 때 바구니를 차곡차곡 포개어 정리해두기 좋습니다.

유용한 바구니

바늘	모사용 코바늘 8호, 5호
실 색상	베이지색, 아이보리색, 메탈릭
기타	면 원단, 라벨
게이지	원 모티브 A(1~4단)=8cm
완성 크기	32cm×16cm(대), 24cm×15cm(중), 17cm×13cm(소)

· 뜨는 법 ·

1 코바늘 8호로 베이지색, 아이보리색, 메탈릭 실 3줄을 합사하여 원 모티브를 뜬다. 바구니(대): 1단~18단, (중): 1단~14단, (소): 1단~10단까지 단마다 6코씩 늘려가며 바구니 바닥을 만든다. 바닥을 완성한 뒤에는 콧수를 늘리지 않고 바구니(대): 39단, (중): 35단, (소): 25단까지 뜬다. 마지막 단은 빼뜨기로 마무리한다.

2 바구니에 달 주머니를 뜨는데, 코바늘 5호에 실 한 줄을 페어 색상마다 2장씩 총 6장을 뜬다. 각각의 주머니는 바구니보다 커지지 않는 선에서 자유로운 크기로 뜬다. 사슬코를 길게 잡았다면 길이(단수)를 짧게 조절하고, 사슬코를 짧게 잡고 시작했다면 길이(단수)를 늘려서, 정사각형 또는 직사각형이 되도록 뜬다. 완성한 주머니는 돗바늘로 적절한 위치에 꿰맨다. 한 바구니에 2개씩 달면 적당하다.

바구니 주머니

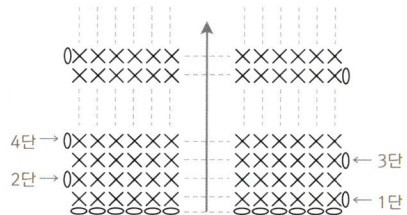

바구니 크기별 바닥

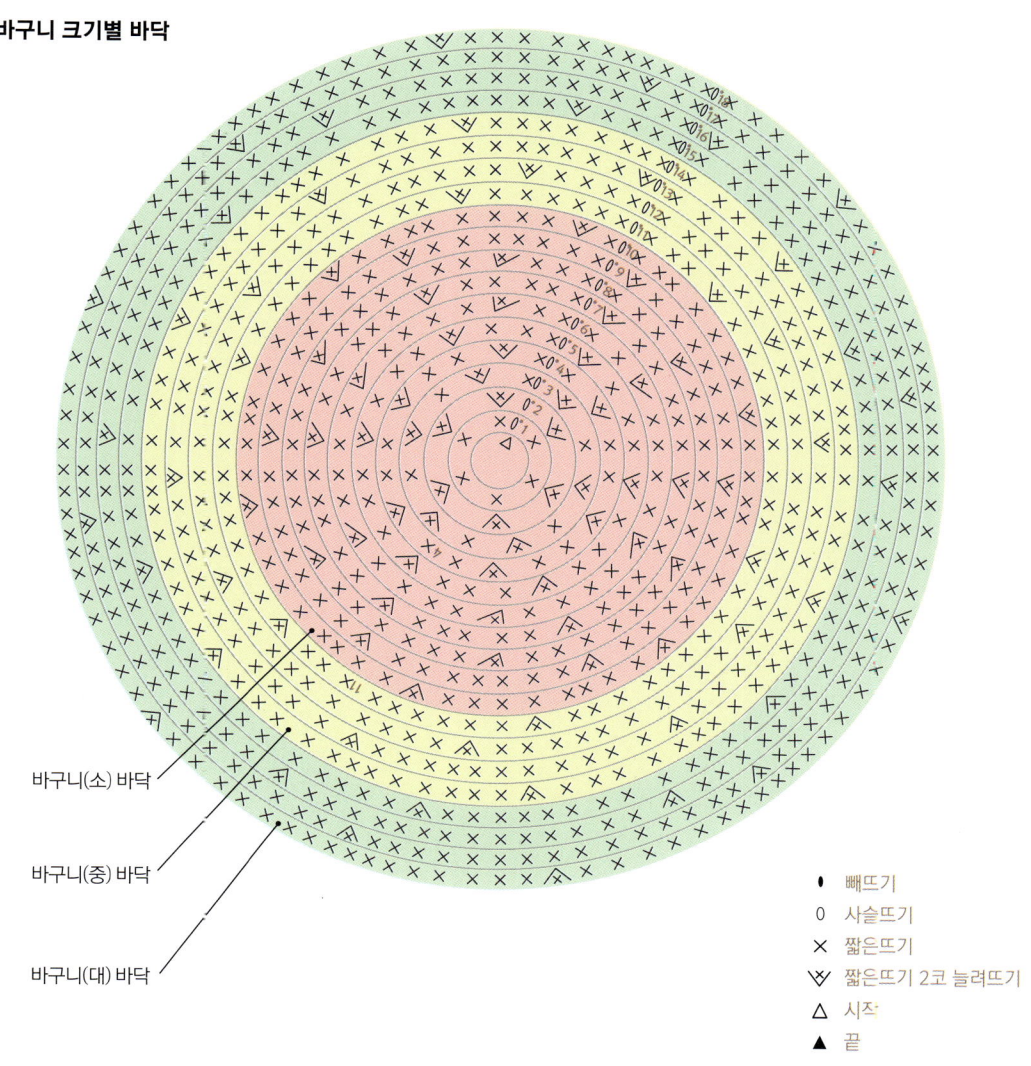

바구니(소) 바닥

바구니(중) 바닥

바구니(대) 바닥

- • 빼뜨기
- 0 사슬뜨기
- × 짧은뜨기
- ∀ 짧은뜨기 2코 늘려뜨기
- △ 시작
- ▲ 끝

바구니(대)

단수	1	2	3	4	5	6	7	8	9	10	11	12	13	14	15	16	17	18~39
콧수	6	12	18	24	30	36	42	48	54	60	66	72	78	84	90	96	102	108

바구니(중)

단수	1	2	3	4	5	6	7	8	9	10	11	12	13	14~35
콧수	6	12	18	24	30	36	42	48	54	60	66	72	78	84

바구니(소)

단수	1	2	3	4	5	6	7	8	9	10~25
콧수	6	12	18	24	30	36	42	48	54	60

1 바구니 안감을 만든다. 먼저 바구니를 납작하게 편 뒤 지름과 높이를 재고 지름+2cm, 높이+10cm로 안감을 재단한다. 면 원단을 (지름+2cm)×2(높이+10cm) 크기로 자르면 알맞다.

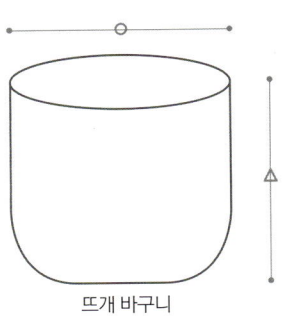

뜨개 바구니

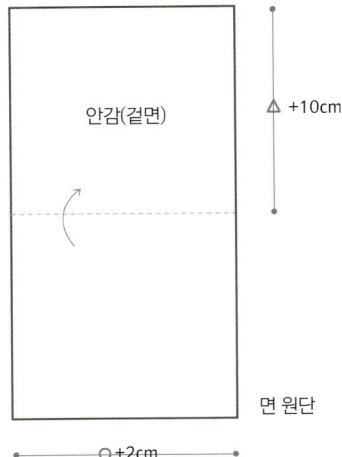

안감(겉면)

+10cm

면 원단

+2cm

2 재단한 안감을 반으로 접은 상태에서 양 끝 1cm 지점을 박음질한다.

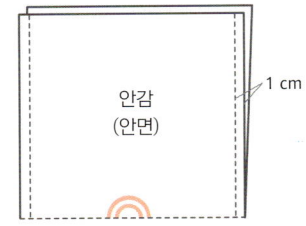

안감
(안면)

1 cm

3 안감 바닥을 아래 그림처럼 정사각형 모양으로 만들고, 바느질 선을 따라 박음질한 뒤 1cm 여분을 남기고 잘라낸다. 반대편도 동일한 과정으로 똑같이 만든다.

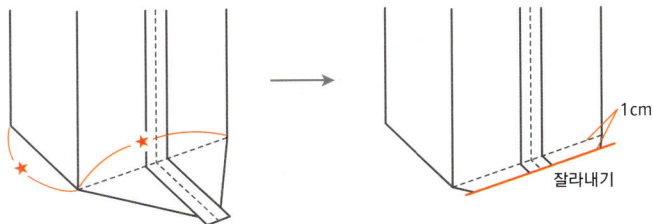

1cm

잘라내기

4 바구니 안에 안감을 넣고 안감 윗부분의 여유분 10cm를 반으로 접은 뒤, 바구니 겉면으로 빼낸다. 빼낸 부분을 시침핀으로 고정하고 공그르기(드는 감침질)로 바구니와 안감을 동시에 꿰맨다.

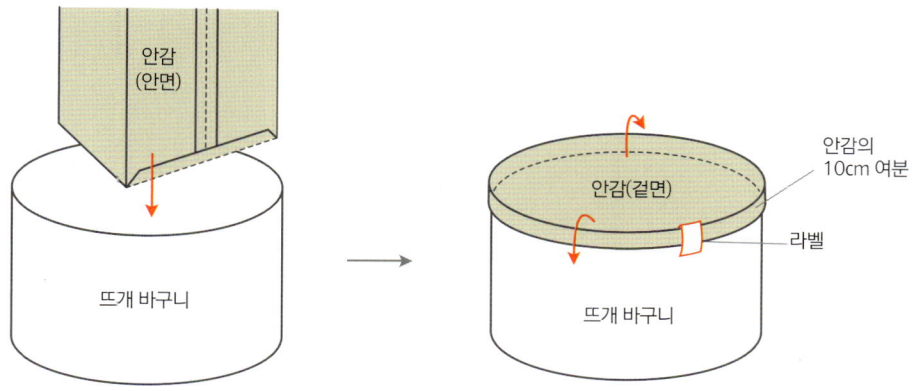

5 주머니를 만들고 그림처럼 적당한 위치에 꿰매서 달아준다.

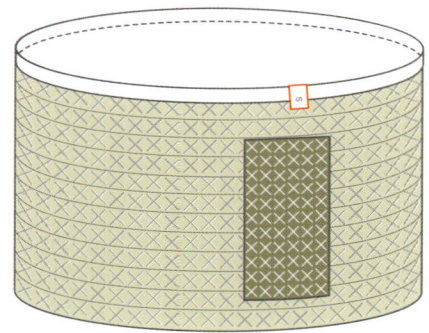

㉓ 플라워 리스

몇 해 전 드라이플라워로 리스를 만들어 본 적이 있어요.

말린 꽃 한 송이 한 송이를 동그란 리스 틀에 배열하다 보면 어느새 근사한 리스가

내 손에서 뚝딱 완성이 되었어요. 그래서 한동안 리스 만들기에 푹 빠져 지냈습니다.

뜨개를 하다가 오랜만에 리스가 떠올랐어요.

이번에는 꽃을 사는 대신 뜨개로 직접 꽃을 피워보고 싶었습니다.

뜨개 꽃을 예쁘게 떠서 리스 틀에 올리니, 시들지 않는 뜨개 꽃 리스가 완성되었습니다.

플라워 리스

바늘	모사용 코바늘 7호, 5호
실 색상	흰색, 베이지색, 흐린 분홍색, 진한 분홍색, 겨자색, 살구색, 메탈릭
기타	24cm 리스 틀, 종이 끈 또는 토션 레이스, 말린 유칼립투스
게이지	원 모티브 A(1~4단)=7cm
	원 모티브 A(1~4단)=5cm
완성 크기	25cm×25cm

· 뜨는 법 ·

꽃잎을 여러개 만들고 꽃송이 만드는 법을 참고하여 꽃송이 대 5개, 꽃송이 중 5개, 꽃송이 소 2개를 만든다.
꽃잎은 단마다 6코씩 늘려가며 원형을 만들고, 마지막 단은 콧수를 늘리지 않고 뜬다.

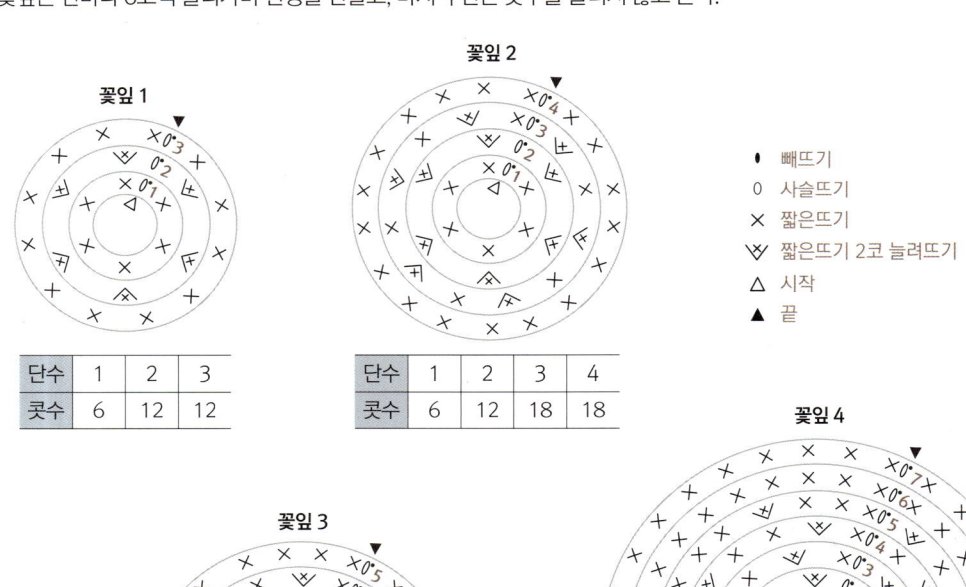

꽃잎 1

단수	1	2	3
콧수	6	12	12

꽃잎 2

단수	1	2	3	4
콧수	6	12	18	18

- ● 빼뜨기
- 0 사슬뜨기
- × 짧은뜨기
- ⋎ 짧은뜨기 2코 늘려뜨기
- △ 시작
- ▲ 끝

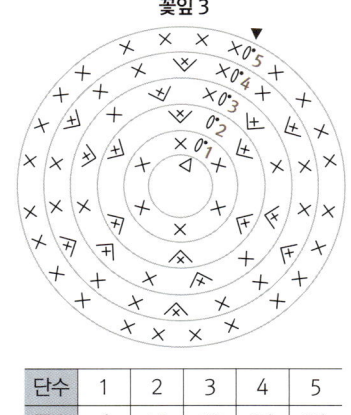

꽃잎 3

단수	1	2	3	4	5
콧수	6	12	18	24	24

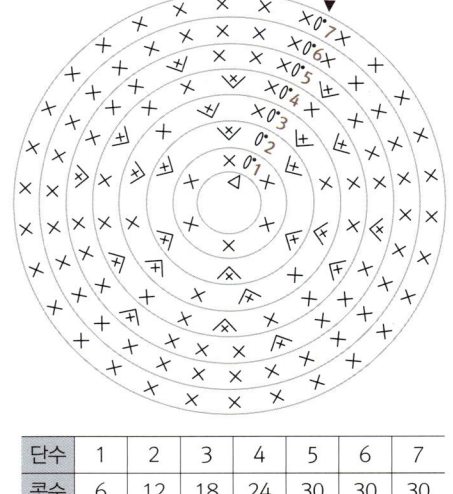

꽃잎 4

단수	1	2	3	4	5	6	7
콧수	6	12	18	24	30	30	30

꽃송이 만드는 방법

꽃송이는 여러 크기의 원 모티브를 큰 크기부터 순서대로 겹쳐 올려놓는 방법으로 완성한다.
(예를 들면 꽃송이 대는 7단 모티브→5단 모티브→4단 모티브→3단 모티브 순서대로 겹쳐 올려놓아 완성한다)

TIP 꽃송이 가장 위에 올라가는 모티브는 뜨기 시작할 때 실의 여분을 30cm 정도 남겨놓아, 겹쳐놓은 모티브 여러 장을 돗바늘로 한꺼번에 꿰맬 때 사용한다.

플라워 리스 만드는 방법

1 그림을 참고하여 글루건으로 리스에 꽃송이를 붙인다. 꽃송이 대, 중, 소 순서로 겹쳐 붙인다.

2 오른쪽 꽃송이 위쪽으로 말린 유칼립투스를 글루건으로 붙여 고정한다.

3 왼쪽 꽃송이 사이 빈 공간에 종이 끈이나 토션 레이스를 묶어 포인트를 준다.

4 리스 틀 위쪽 중앙에 종이끈으로 벽에 걸 고리를 만들어 묶는다.

TIP 글루건을 사용하면 수정이 어려우니 꽃을 미리 배치해본 뒤 붙이는 것을 추천한다.

베이지색(1)+흐린 분홍색(1)
코바늘 7호:7단+5단+4단+3단

베이지색(1)+하얀색(1)
코바늘 5호:7단+5단+4단+3단

베이지색(2)
코바늘 7호:5단+4단+3단

살구색(2)
코바늘 7호:
5단+4단+3단

진한 분홍색(1)+메탈릭(1)
코바늘 7호:
7단+5단+4단+3단

흐린 분홍색(1)+메탈릭(1)
코바늘 7호:
7단+5단+4단+3단

진한 분홍색(1)+메탈릭(1)
코바늘 7호:4단
흐린 분홍색(1)+메탈릭(1)
코바늘 7호:3단

흐린 분홍색(1)+메탈릭(1)
코바늘 7호:7단+5단+4단

하얀색(2), 코바늘 7호:7단+5단+4단
흐린 분홍색(1)+메탈릭(1), 코바늘 7호:3단

베이지색(1), 코바늘 5호:5단+4단
살구색(1), 코바늘 5호:3단

진한 분홍색(1), 코바늘 5호:7단+5단+4단+3단

겨자색(1), 코바늘 5호:7단+5단+4단+3단

143

㉔ 톰보이 토트백

보이시한 톰보이 스타일을 좋아해서 캐주얼한 옷차림에

가장 잘 어울릴 토트백을 만들어보았습니다.

차분한 색감과 단순한 디자인으로 가방 본체를 완성하고

귀여운 와펜 몇 가지로 포인트를 주었더니,

나만의 감각이 돋보이는 가방이 되었습니다.

톰보이 토트백

바늘	모사용 코바늘 8호
실 색상	아이보리색, 옅은 베이지색, 짙은 베이지색, 빨간색
기타	면 원단, 나무 구슬 2개, 여러 가지 와펜, 면 가방끈
게이지	원 모티브 A(1~4단)=8cm
완성 크기	40cm×38cm

· 뜨는 법 ·

1 아이보리색, 옅은 베이지색, 짙은 베이지색을 1줄씩 합사하여 가방을 뜬다. 짧은뜨기 6코로 시작하여 48단까지 뜬다.
49단부터 53단까지는 가방끈을 뜬다. 49단은 짧은뜨기 30코 → 사슬코 46코 → 짧은뜨기 30코 → 사슬코 46코 → 빼뜨기의 순서로, 50단은 짧은뜨기 30코 → (사슬코 46코+)짧은뜨기 46코 → 짧은뜨기 30코 → (사슬코 46코+)짧은뜨기 46코 → 빼뜨기 순서로, 51~53단은 짧은뜨기 30코 → 짧은뜨기 46코 → 짧은뜨기 30코 → 짧은뜨기 46코 → 빼뜨기로 뜬다.

2 13단 원 모티브(주머니)를 뜬다. 모티브를 완성한 뒤 실을 1m 정도 남겨둔다.

주머니

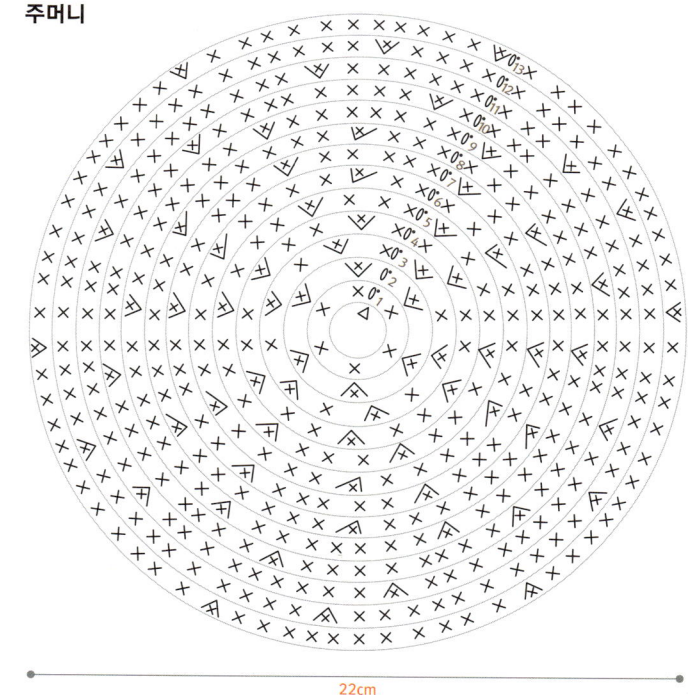

22cm

●	빼뜨기
0	사슬뜨기
×	짧은뜨기
⊽	짧은뜨기 2코 늘려뜨기
△	시작
▲	끝

단수	1	2	3	4	5	6	7	8	9	10	11	12	13
콧수	6	12	18	24	30	36	42	48	54	60	66	72	78

가방 손잡이

| 30코 | 46코 | 30코 | 46코 |

→ 50단 짧은뜨기 46코
→ 49단 사슬뜨기 46코
→ 47단 짧은뜨기 21코

| 30코 | 21코 | 30코 | 21코 |

가방 본체

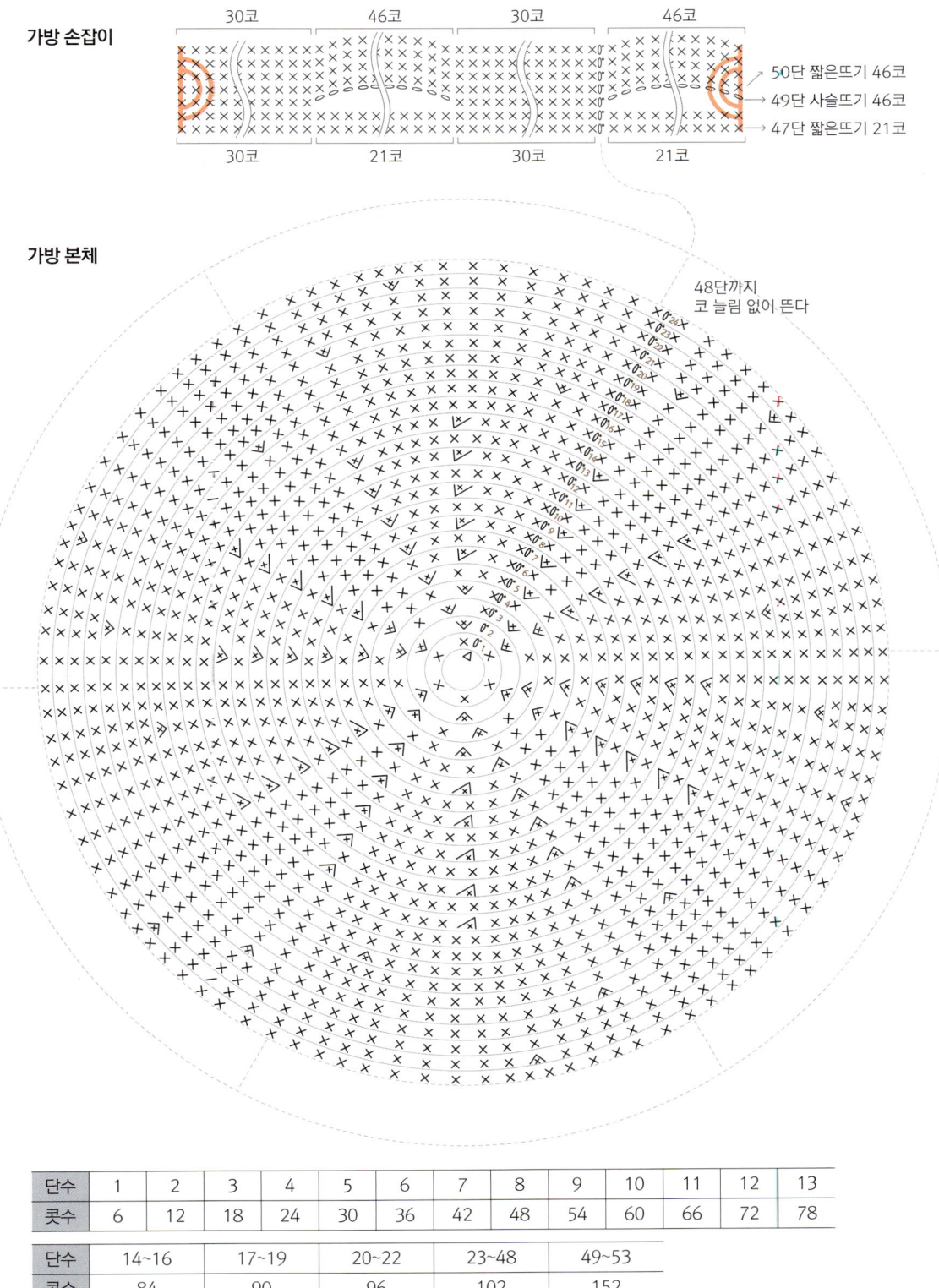

48단까지
코 늘림 없이 뜬다

단수	1	2	3	4	5	6	7	8	9	10	11	12	13
콧수	6	12	18	24	30	36	42	48	54	60	66	72	78

단수	14~16	17~19	20~22	23~48	49~53
콧수	84	90	96	102	152

1 가방 뒷면의 적절한 위치에 주머니를 고정하고, 주머니를 뜨고 남은 1m 정도의 실을 돗바늘에 꿰어 가방에 꿰맨다.

2 주머니 입구 부분을 바깥쪽으로 살짝 접은 뒤 빨간색 실로 스티치 3땀을 떠 고정한다.

3 가방끈과 가방의 연결 부위를 빨간색 실로 단단하게 꿰매고 포인트를 준다.

4 여러 가지 와펜을 바느질실로 가방 앞면(주머니를 붙이지 않은)에 자유롭게 꿰맨다.

5 사슬뜨기 50코로 가방의 여밈 끈(2개)를 만들어 가방 입구 양쪽에 돗바늘을 이용하여 꿰맨다. 사슬뜨기 시작 전에 여분 실을 20cm 정도 남겨놓아 가방 본체에 꿰맬 때 사용하고, 사슬뜨기 50코를 뜨고 난 후 30cm 정도 여분 실을 남기고 잘라 나무 구슬을 끼운다. 나무 구슬의 구멍에 3~4번 실을 통과시킨 뒤 단단히 묶어준다.

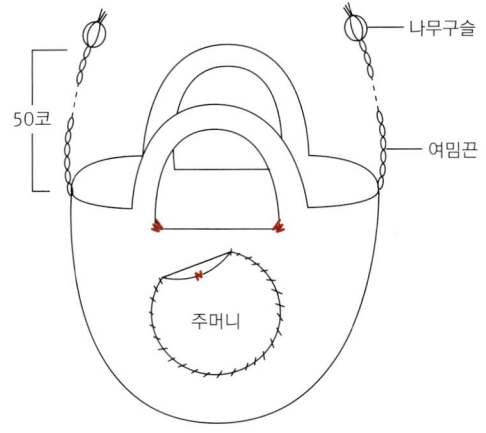

6 가방끈의 중앙에 면으로 된 끈을 고정한다. 박음질 또는 오버로크를 이용해 단단히 꿰맨다.

7 안감을 만든다. 먼저 가방을 평평하게 편 뒤 지름과 높이를 재고 지름+2cm, 높이+3cm로 안감을 재단한다. 안감용 원단을 (지름+2cm)×2(높이+3cm) 크기로 자르면 알맞다.

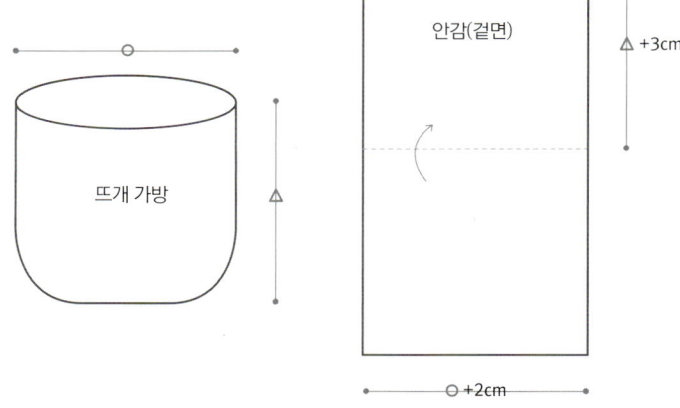

8 재단한 안감을 반으로 접고 양 끝 1cm 지점을 박음질한다.

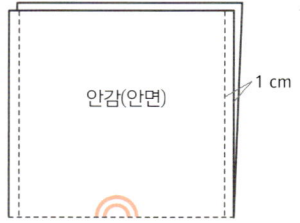

9 주머니 바닥을 옆에 그림처럼 정사각형 모양으로 만들고 바느질 선을 따라 박음질한 뒤 1cm 여분을 남기고 잘라낸다. 반대편도 동일한 과정으로 똑같이 만든다.

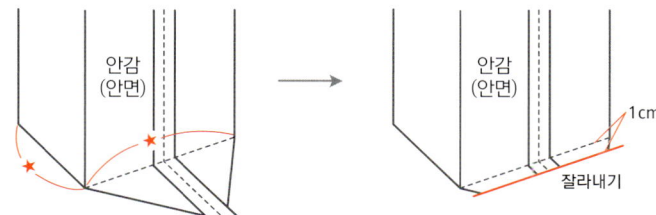

안감
(안면)

안감
(안면)

1cm

잘라내기

10 안감 윗부분 여유분 2~3cm를 밖으로 접은 뒤 가방 안에 넣는다. 가방끈 바로 밑단에 안감이 고정되도록 시침핀을 꽂은 뒤 공그르기로 꿰맨다.

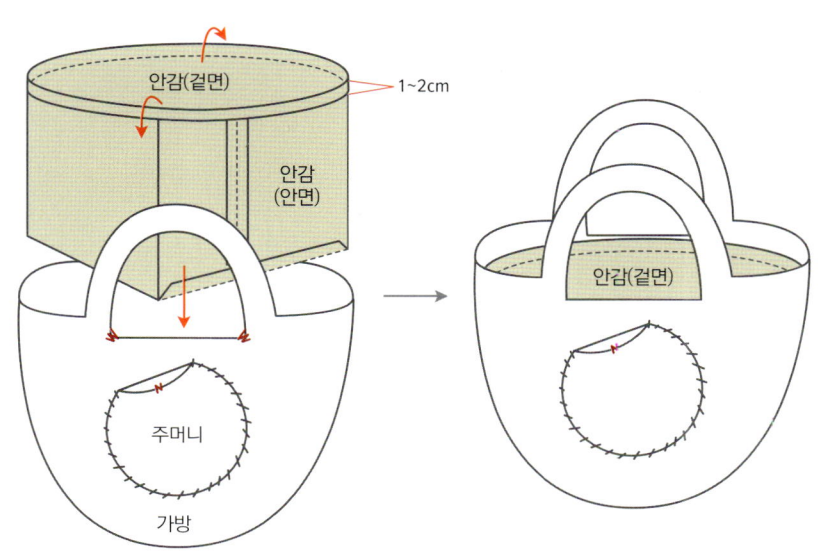

안감(겉면)

1~2cm

안감
(안면)

주머니

가방

안감(겉면)

11 태슬을 만든다. 먼저 사슬뜨기 50코를 뜬다. 그다음 두루마리 휴지 심지에 베이지색 실을 100회 정도 감고, 미리 떠둔 사슬뜨기 50코의 끝부분으로 한데 묶는다. 한데 묶은 실의 상단에 빨간색 실을 감아 묶어, 태슬의 형태를 만든다. 감은 실의 아랫부분은 가위로 다듬듯 잘라낸다. 한 번 더 반복하여 두 개의 태슬을 만든다. 다 만든 태슬은 가방 손잡이 한쪽에 묶는다.

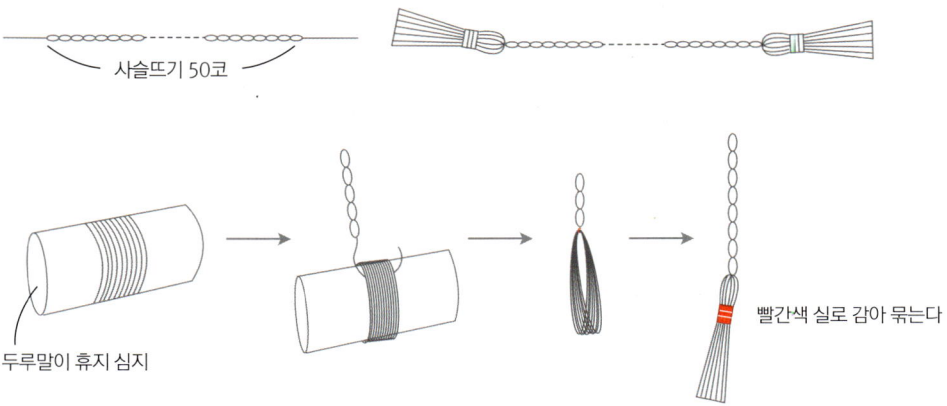

사슬뜨기 50코

두루말이 휴지 심지

빨간색 실로 감아 묶는다

㉕ 알록달록 대형 러너

남는 실이 생기면 크기에 상관없이 원 모티브를 떠놓는 습관이 있어요.

이 모티브는 코스터나 화병 받침대로 사용하다가, 실이 더 생기면 크게 이어서 뜨기도 해요.

그렇게 오랜 시간 모아두었던 원 모티브를 모두 연결하여 알록달록한 대형 러너를 완성했습니다.

모티브 하나하나에 추억이 묻어있는

대형 러너는 한 번에 완성하기보다는 시간을 두고 천천히 만들어보세요.

완성하지 못하더라도 누군가 물려받아

소중하게 이어서 뜬다면 의미 있는 일이 될 거에요.

알록달록 대형 러너

바늘	모사용 코바늘 5호, 6호, 7호, 8호
게이지	원 모티브 A(1~4단)=5~8cm
실 색상	여러 색의 자투리 실

· 뜨는 법 ·

하단의 4단 원 모티브 도안을 참고하여 다양한 크기의 모티브를 만든다.

※ 평소, 작품을 만들고 남은 자투리 실로 틈틈이 원 모티브를 만들어 둔다. 하나의 원 모티브 안에 다양한 소재와 색상의 실을 함께 엮어도 좋다. 원 모티브가 넉넉히 모이면 자유로운 형식으로 연결하여 러너를 만든다. 크기와 형식에 제한이 없는 작품이므로 언제든 원 모티브를 한두 개씩 추가해 연결할 수 있다.

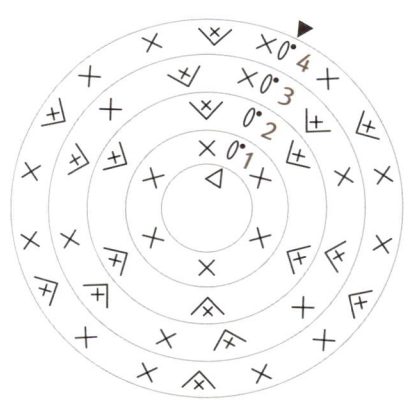

- **·** 빼뜨기
- **0** 사슬뜨기
- **×** 짧은뜨기
- **ⵠ** 짧은뜨기 2코 늘려뜨기
- **△** 시작
- **▲** 끝

단수	1	2	3	4
콧수	6	12	18	24

㉖ 스트로베리 치즈케이크 러너

새빨간 색의 실을 보니 딸기가, 부드러운 크림색 실은 치즈케이크가 연상됐어요.

두 가지 색을 적절히 매치하면 '스트로베리 치즈케이크' 느낌을 낼 수 있을 것 같아서

뜨개질을 시작하기도 전에 이름부터 정해버렸습니다.

동그란 원 모티브를 크기별로 뜨고 연결해서 근사한 스트로베리 치즈케이크 러너를 완성했어요.

거실 한편에 깔아두고 구름 위를 걷는 기분을 느껴보세요.

스트로베리 치즈케이크 러너

바늘 모사용 코바늘 7호, 8호, 10호
실 색상 하얀색, 아이보리색, 베이지색, 살구색, 빨간색
게이지 원 모티브 B(1~4단)=12~17cm
완성 크기 132cm×92cm

· 만드는 법 ·

그림을 참고하여 모티브를 배치하고, 돗바늘을 이용해 모티브가 겹치는 부분을 감침질과 시침질로 원형을 유지하며 자연스럽게 꿰맨다. 마무리한 매듭은 모티브 뒷면의 코 사이에 숨긴다.

TIP 모티브 두 장을 겹쳐 꿰맬 때, 윗면에 있는 모티브의 실과 같은 색의 실로 연결하면 보다 자연스럽다.

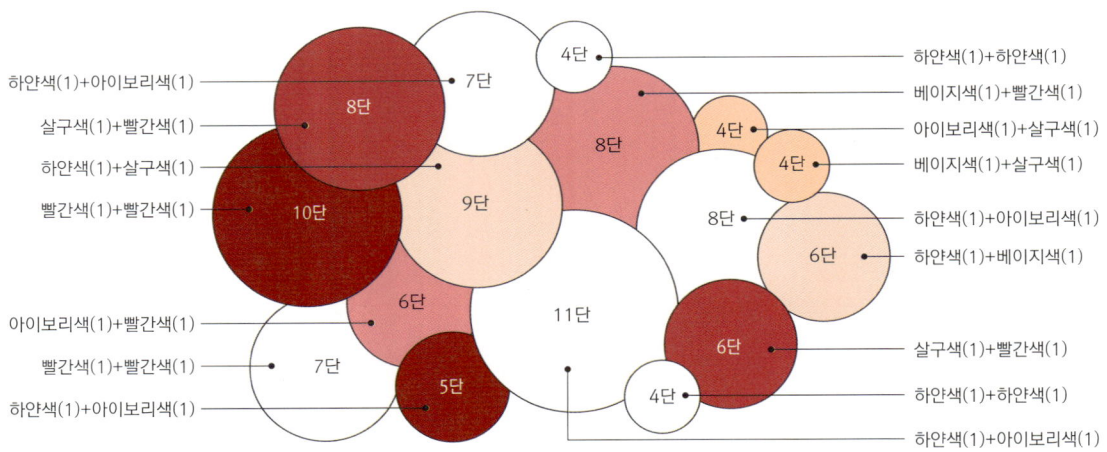

모티브 크기별 개수

단수	4	5	6	7	8	9	10	11
개수	4	1	3	2	3	1	1	1

1 원 모티브 B(29쪽 참조)를 16개 뜬다.

※ 4~5단 원 모티브는 코바늘 7호로, 6~8단 원 모티브는 코바늘 8호로, 9~11단 원 모티브는 10호 바늘로 뜬다.

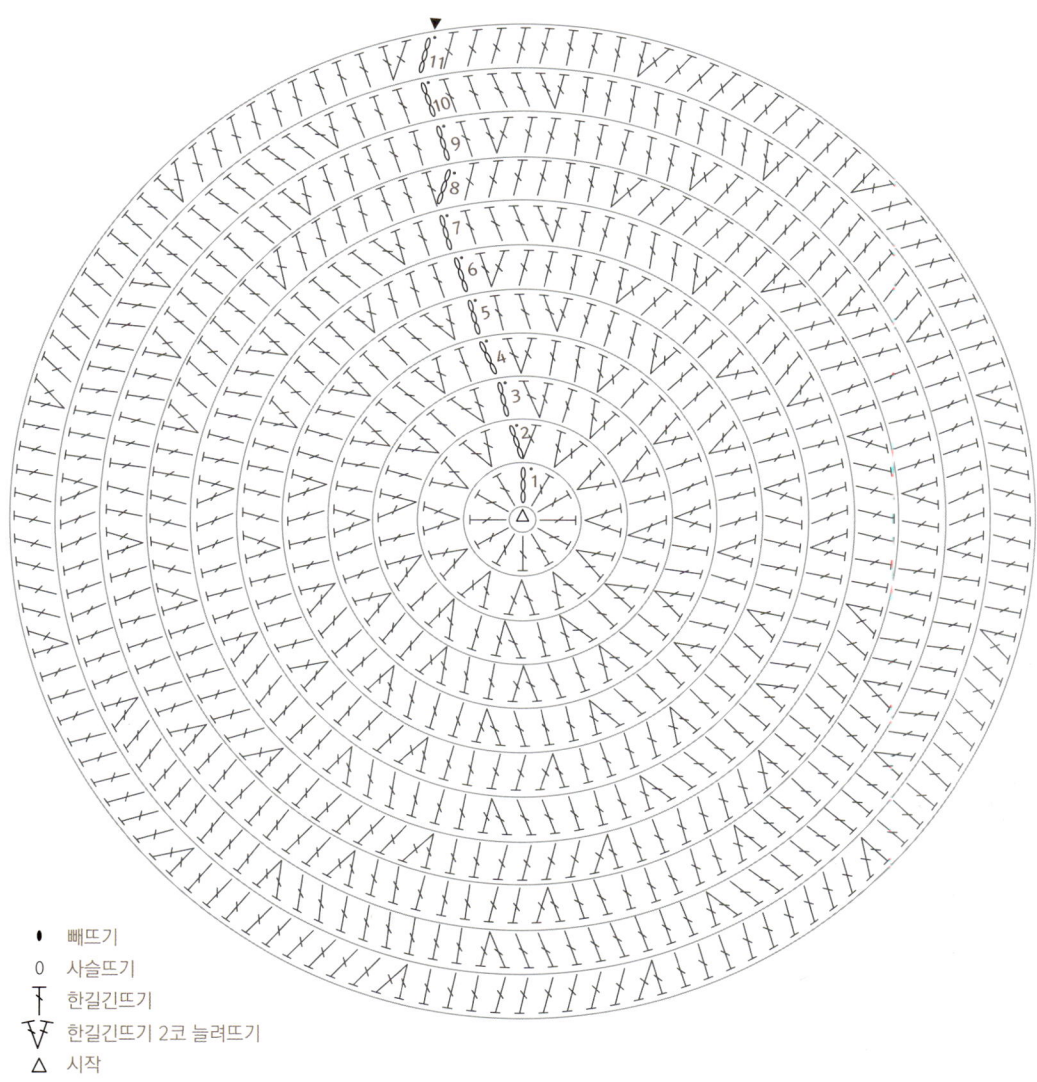

- **•** 빼뜨기
- **0** 사슬뜨기
- **T** 한길긴뜨기
- **V** 한길긴뜨기 2코 늘려뜨기
- **△** 시작
- **▲** 끝

단수	1	2	3	4	5	6	7	8	9	10	11
콧수	12	24	36	48	60	72	84	96	108	120	132

처음부터 뜨개로 화병을 만들어야겠다고 생각한 건 아니었어요.

작은 쨈 보틀 커버를 뜨다가,

윗부분에서 살짝 코를 늘려봤는데 예쁘게 벌어지는 모양이 꼭 화병 같았어요.

그렇게 뜨개 화병을 만들었는데, 이런 재미있는 발상은 언제나 뜨개 중간중간 떠오른답니다.

도안을 조금씩 수정하며 화병을 완성했는데, 아무래도 털실이라 그냥 두면 힘이 없어

안쪽에 종이 심지를 끼워 넣고, 그 틈새에 방울 솜을 넣어 볼륨감을 유지했어요.

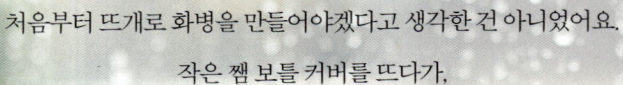

㉗ 미니 화병

미니 화병

바늘   모사용 코바늘 6호, 7호

실   하얀색, 파스텔색 계열

게이지   원 모티브 A(1~4단)=6cm, 7cm

완성 크기   10cm×14cm(대), 8cm×12cm(중), 6cm×10cm(소)

· 뜨는 법 ·

만들고 싶은 화병의 크기별로 도안을 따라 원 모티브를 뜬다.

TIP 미니 화병의 크기는 실의 굵기와 코바늘의 크기에 따라 결정된다.

콧수를 늘리고 줄이며 굴곡을 만들어
화병 모양을 완성한다.

배색표

단수	색상
1~12	밤색(1)+카멜색(1)
13~32	파란색(1)+흐린 회색(1)
33	하얀색(1)+흐린 회색(1)

미니화병(대)

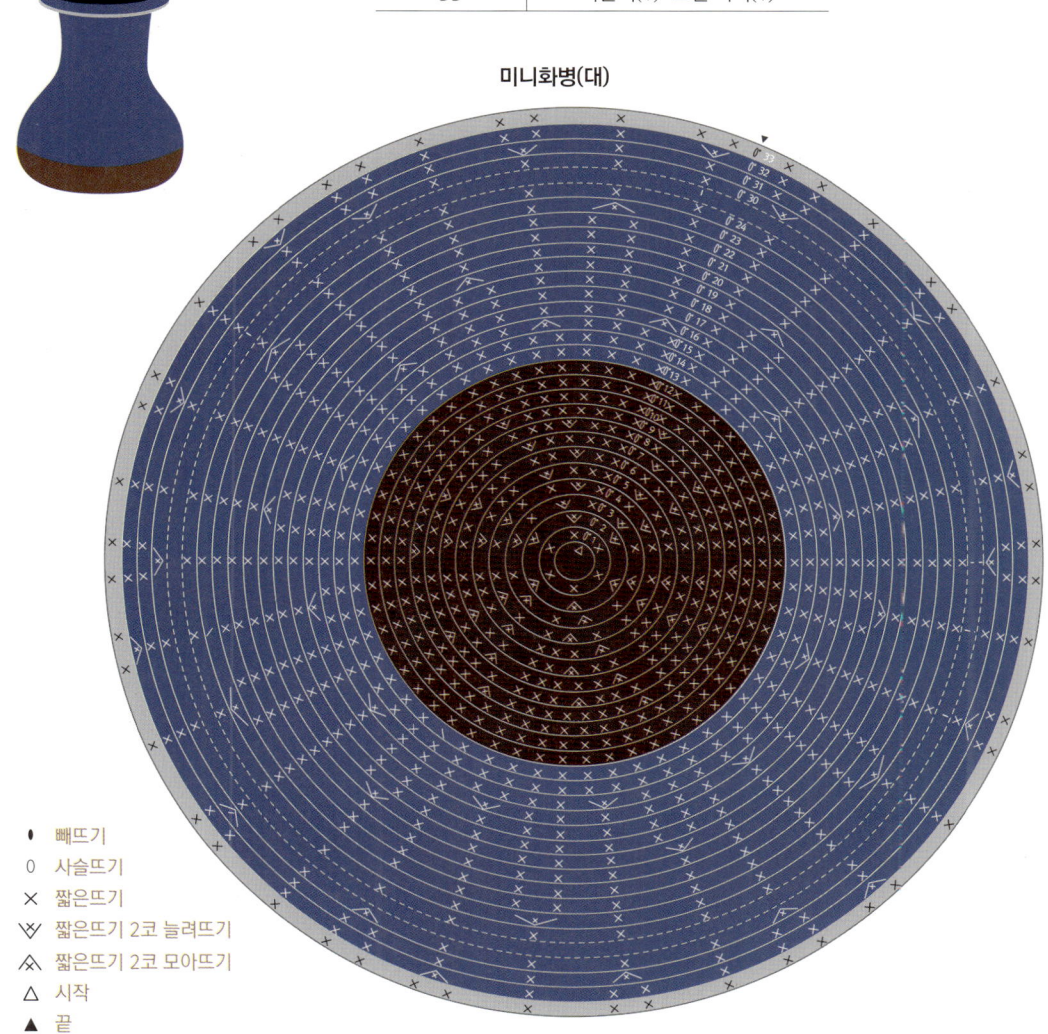

- ● 빼뜨기
- 0 사슬뜨기
- × 짧은뜨기
- ⋎ 짧은뜨기 2코 늘려뜨기
- ⋏ 짧은뜨기 2코 모아뜨기
- △ 시작
- ▲ 끝

단수	1	2	3	4	5	6	7	8	9	10	11	12	13	14
콧수	6	12	18	24	30	36	42	48	54	54	54	54	54	48

단수	15	16	17	18	19	20	21	22	23	24	25	26	27	28
콧수	48	42	42	42	36	36	36	36	30	30	30	30	30	30

단수	29	30	31	32	33
콧수	30	36	42	48	54

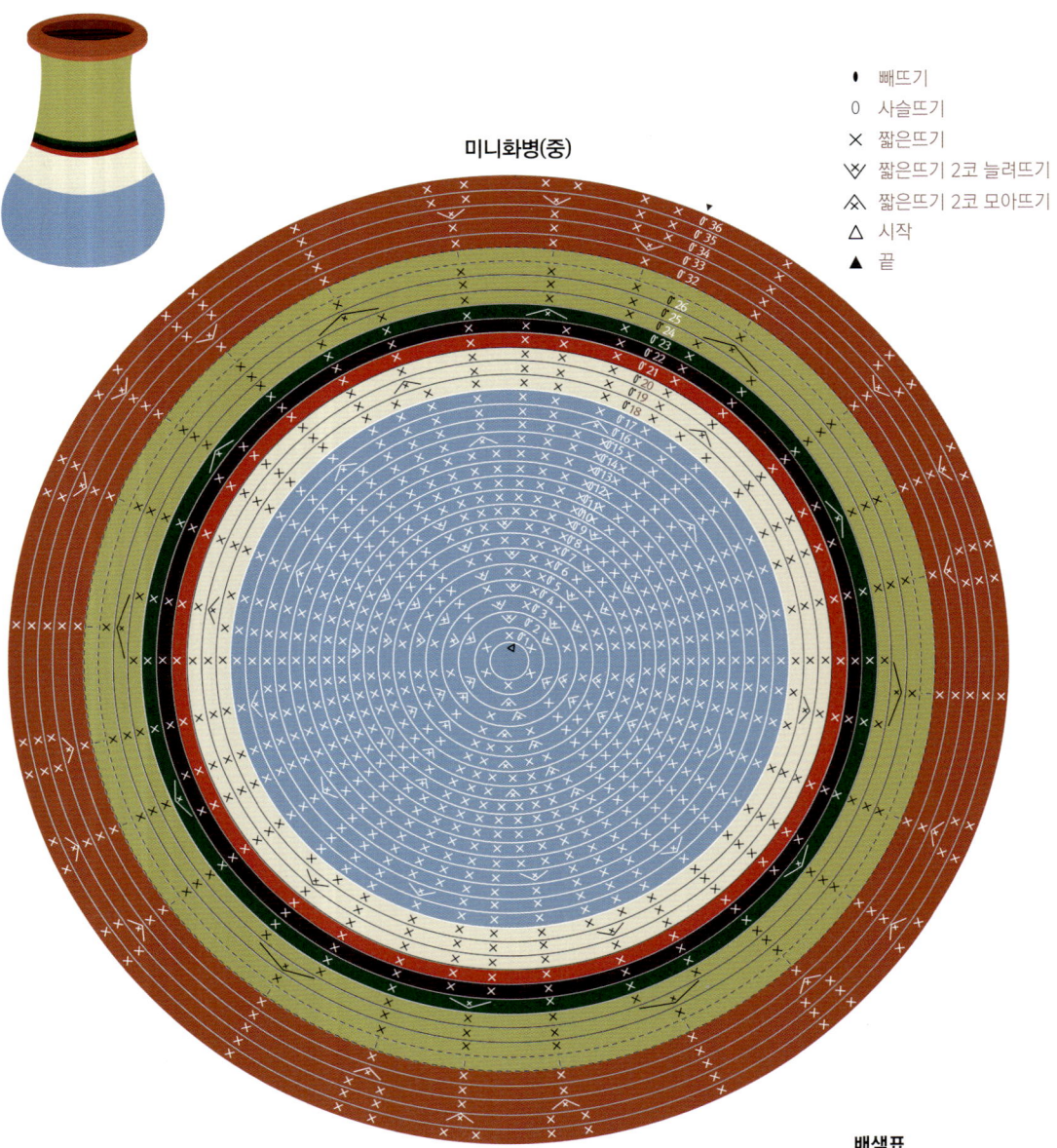

미니화병(중)

빼뜨기

0　사슬뜨기

×　짧은뜨기

짧은뜨기 2코 늘려뜨기

짧은뜨기 2코 모아뜨기

△　시작

▲　끝

배색표

단수	색상
1~17	하늘색(1)
18~20	흐린 베이지색(1)
21	빨간색(1)
22	밤색(1)
23	녹색(1)
24~31	흐린 겨자색(1)
32~36	살구색(1)

단수	1	2	3	4	5	6	7	8	9	10	11	12	13	14
콧수	6	12	18	24	30	36	42	48	54	54	54	54	54	48

단수	15	16	17	18	19	20	21	22	23	24	25	26	27	28
콧수	48	42	42	42	36	36	36	36	30	30	24	24	24	24

단수	29	30	31	32	33	34	35	36
콧수	24	24	24	24	30	36	42	42

배색표

단수	색상
1~14	살구색(1)+진한 민트색(1)
15	파란색(1)+진한 민트색(1)
16~23	녹색(1)+진한 민트색(1)
24~27	흐린 회색(1)+진한 민트색(1)

미니화병(소)

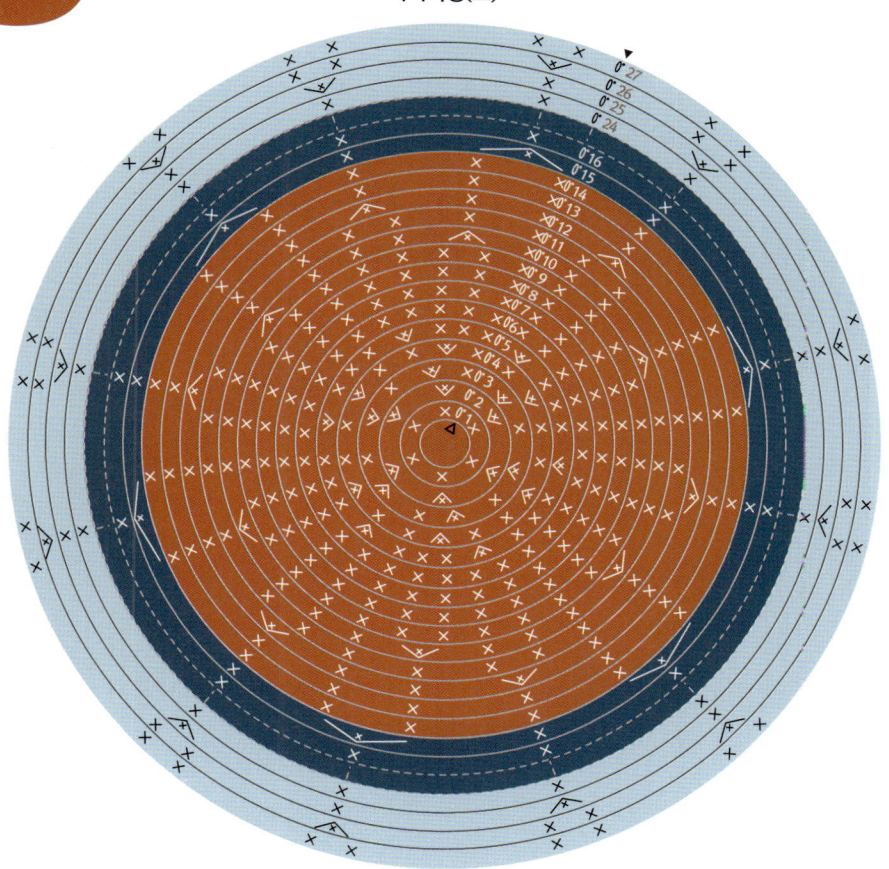

단수	1	2	3	4	5	6	7	8	9	10	11	12	13	14
콧수	6	12	18	24	30	30	30	30	30	24	24	18	18	18

단수	15	16	17	18	19	20	21	22	23	24	25	26	27
콧수	12	12	12	12	12	12	12	12	12	18	24	24	

28 피에로 인형

예전에 퀼트로 만든 요요를 연결하여 피에로 인형을 만들었던 기억이 있어요.

이번에는 뜨개로 요요를 떠서 피에로 인형을 만들어보았어요.

이번에는 퀼트 인형과는 달리 포근한 매력의 피에로 인형이 완성되었습니다.

피에로 인형

바늘	모사용 코바늘 6호
실 색상	회색, 살구색, 베이지색, 밤색, 올리브색, 진한 민트색, 보라색
기타	레이스(신축성 있는), 펠트지, 나무 볼 6개(큰 것 4개, 작은 것 2개), 펠트 볼 1개
게이지	원 모티브 A(1~4단)=6cm
완성 크기	23cm×30cm

• 뜨는 법 •

피에로 인형의 몸통

8단 원 모티브를 색상별로 하나씩 7개를
뜬다.

피에로 인형의 다리

6단 원 모티브를 색상별로 4개씩 28개를
뜨는데, 피에로 인형의 몸통과 같은 방법
으로 뜬다.

피에로 인형의 팔

4단 원 모티브를 색상별로 2개씩 14개를
뜨는데, 피에로 인형의 몸통과 같은 방법
으로 뜬다.

● 빼뜨기
0 사슬뜨기
× 짧은뜨기
⋎ 짧은뜨기 2코 늘려뜨기
⋏ 짧은뜨기 2코 모아뜨기
△ 시작
▲ 끝

몸통(7개)

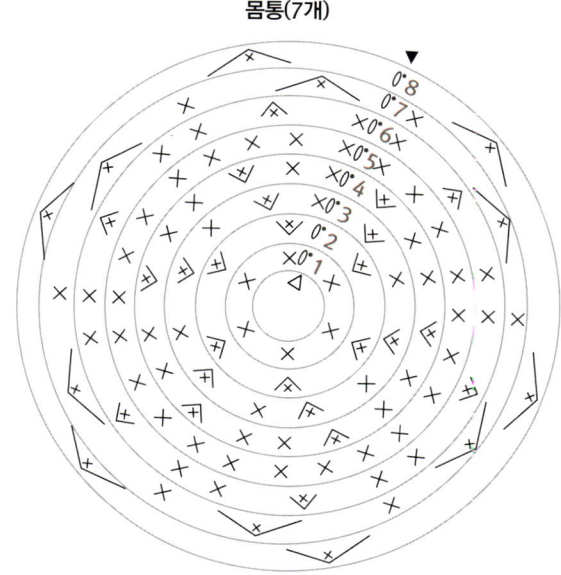

단수	1	2	3	4	5	6	7	8
콧수	6	12	18	24	24	18	12	6

다리(28개)

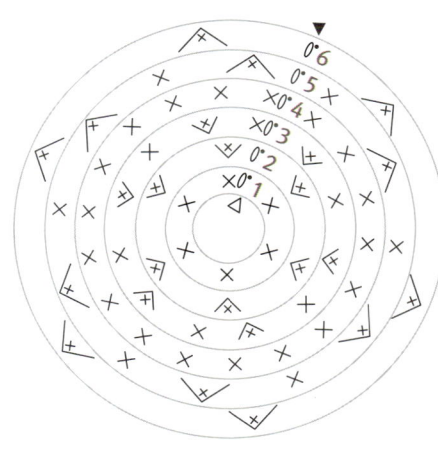

팔(14개)

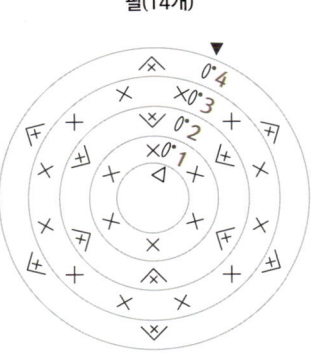

•	빼뜨기
0	사슬뜨기
×	짧은뜨기
⋎	짧은뜨기 2코 늘려뜨기
⋏	짧은뜨기 2코 모아뜨기
△	시작
▲	끝

단수	1	2	3	4	5	6
콧수	6	12	18	18	12	6

단수	1	2	3	4
콧수	6	12	12	6

• 만드는 법 •

1 펠트지로 피에로 인형의 모자를 만든다. 10cm×8cm 크기 빨간색 펠트지를 반으로 접고 양면 1cm 지점을 박음질하여 네모난 모자를 만든다. 가운데 별표 부분에는 가위로 구멍을 만들어 나중에 끈이 통과할 수 있게 해둔다.

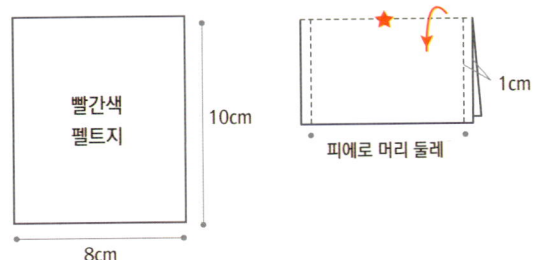

빨간색 펠트지

10cm

8cm

피에로 머리 둘레

1cm

2 피에로의 두 팔을 연결한다. 그림의 붉은 화살표를 따라 실 2줄(색상 선택은 자유롭게 한다)을 돗바늘에 끼워 매듭을 짓고 팔의 형태를 만든다.

왼쪽부터 큰 나무 볼 1개 → 요요 7개 → 작은 나무 볼 1개(왼팔 완성) → 작은 나무 볼 1개 → 요요 7개 → 큰 나무 볼(오른팔 완성)을 실에 꿰고 매듭을 짓는다.

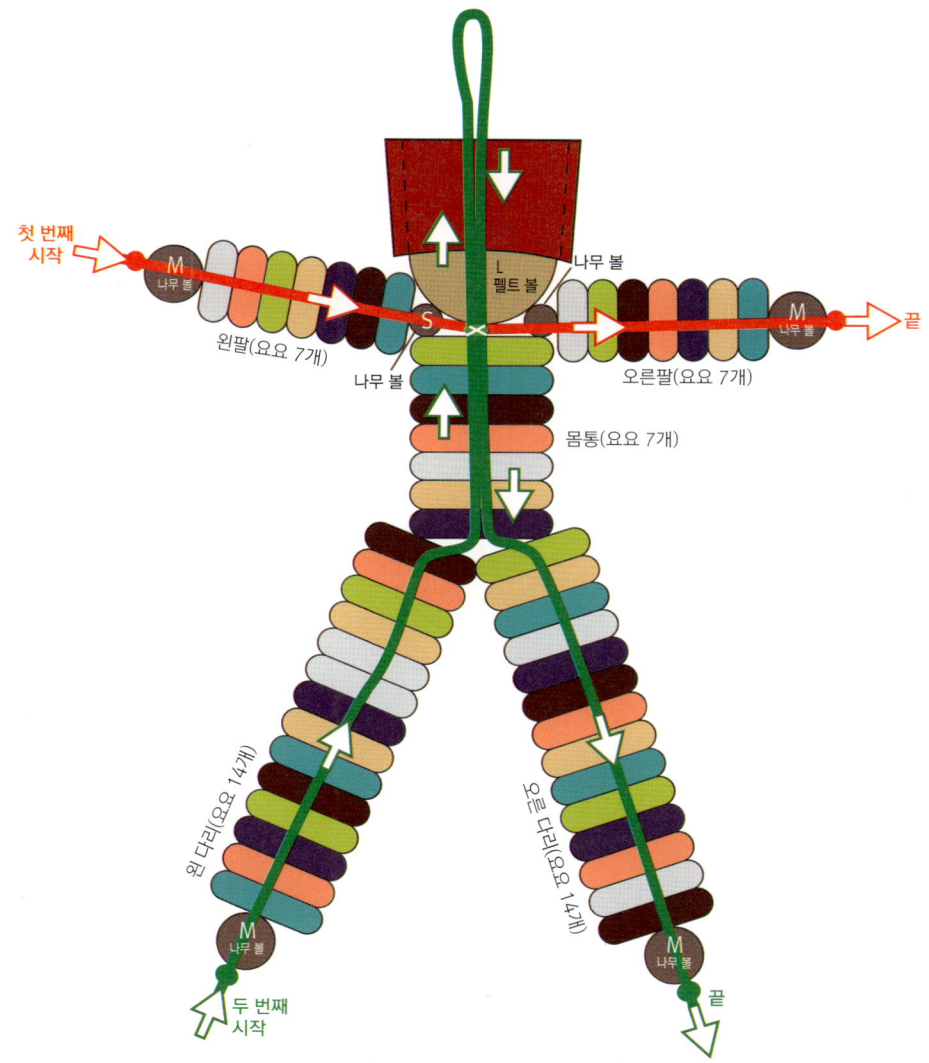

3 실 2줄을 돗바늘에 끼워 매듭을 지은 뒤, 그림의 녹색 화살표를 따라 피에로의 다리와 몸통, 얼굴을 연결한다.   왼쪽부터 큰 나무 볼 → 요요 14개(왼 다리) → 요요 7개(몸통)을 꿰고 팔을 연결한 실에 매듭을 짓는다(목 부분). 그다음에는 펠트 볼(머리)을 돗바늘로 통과시켜 네모난 모자에 낸 구멍으로 실을 통과시킨 후 다시 모자를 통과하여 펠트 볼(머리)을 꿴다. 팔을 연결한 실에 매듭을 짓고(목 부분) 요요 7개(몸통) → 요요 14개(오른 다리) → 큰 나무 볼을 꿴 뒤 매듭을 지어 마무리한다.

4 피에로 인형 목 부분에 신축성 있는 레이스를 두르고 레이스 양쪽을 시침질한다.

29 토이 햄버거

패스트푸드점에서 햄버거를 먹다가 빵과 내용물이 모두 동그란 걸 보고,

원형 뜨개 모티브로 햄버거를 떠보면 재밌을 것 같단 생각을 했어요.

햄버거 빵과 패티, 양상추, 슬라이스 토마토 등의 햄버거 재료들을 뜨개실로 단숨에 떠보았어요.

부드러운 천연소재 코튼 실로 떠서 어린아이들 오감만족 장난감으로 사용해도 참 좋을 것 같아요.

토이 햄버거

바늘	모사용 코바늘 6호
실 색상	하얀색, 노란색, 연두색, 초록색, 주황색, 갈색, 고동색
기타	방울 솜
게이지	원 모티브 A(1~4단)=6cm
완성 크기	13cm×10cm

· 뜨는 법 ·

1 10단 원 모티브로 케첩을 뜬다.

케첩 배색표

단수	색상
1~10	주황색

단수	1	2	3	4	5	6	7	8	9	10
콧수	6	12	18	24	30	36	42	48	54	60

케첩(1개)

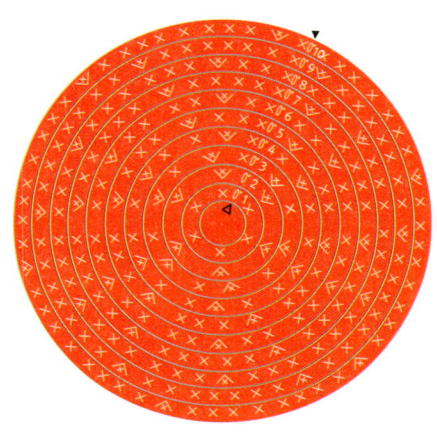

2 10단 원 모티브로 상추와 양상추를 뜬다. 9단까지 단마다 6코씩 늘려가며 뜨고 10단은 매 코마다 한 길긴뜨기 3코를 한다.

양상추 배색표

단수	색상
1~10	연두색

상추 배색표

단수	색상
1~10	초록색

단수	1	2	3	4	5	6	7	8	9	10
콧수	6	12	18	24	30	36	42	48	54	162

상추와 양상추(각 1개씩)

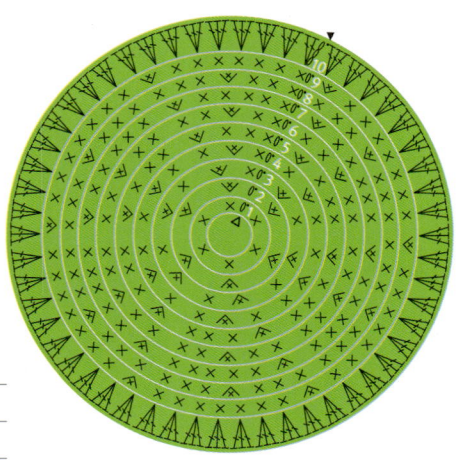

3 23단 원 모티브로 햄버거 빵(2개)와 고기 패티(1개)를 뜬다.

햄버거 빵(2개)과 고기 패티(1개)

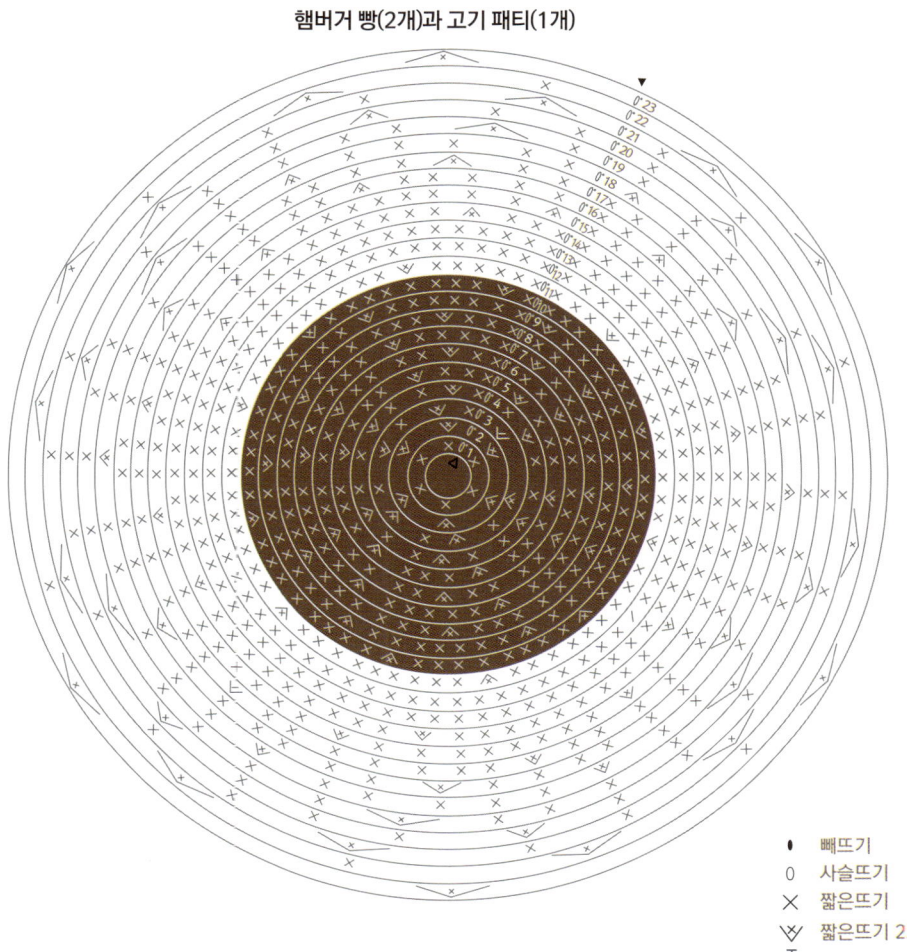

	기호
•	빼뜨기
0	사슬뜨기
×	짧은뜨기
⋎	짧은뜨기 2코 늘려뜨기
╤	한길긴뜨기
⩊	한길긴뜨기 3코 늘려뜨기
△	시작
▲	끝

햄버거 빵 배색표

단수	색상
1~10	갈색
11~23	하얀색

고기 패티 배색표

단수	색상
1~23	고동색

단수	1	2	3	4	5	6	7	8	9	10	11	12
콧수	6	12	18	24	30	36	42	48	54	60	66	66

단수	13	14	15	16	17	18	19	20	21	22	23
콧수	66	60	54	48	42	36	30	24	18	12	6

※햄버거 빵(1~10단)은 갈색, 마요네즈(11~23단)은 하얀색, 고기 패티(1~23단)은 고동색으로 뜬다.

※햄버거 빵과 고기 패티의 21단에서 모티브 안에 방울 솜을 적당히 넣어 고기 패티의 두께감을 살린다.

※햄버거 빵 한 장의 겉면에 돗바늘과 노란색 실을 이용하여 프렌치 너트 스티치(씨앗 수놓기)로 깨 모양을 수놓는다.

4 세 가지 크기의 원 모티브로 토마토를 뜬다. 단마다 6코씩
늘리고 줄이며 양면으로 원형을 만든다.
세 가지 모두 주황색으로 1개씩 뜬다.

토마토(소)

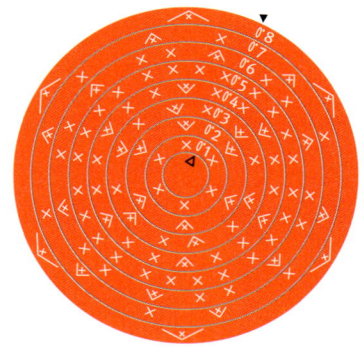

단수	1	2	3	4	5	6	7	8
콧수	6	12	18	24	24	18	12	6

- ● 빼뜨기
- 0 사슬뜨기
- ✕ 짧은뜨기
- ₩ 짧은뜨기 2코 늘려뜨기
- △ 시작
- ▲ 끝

토마토(중)

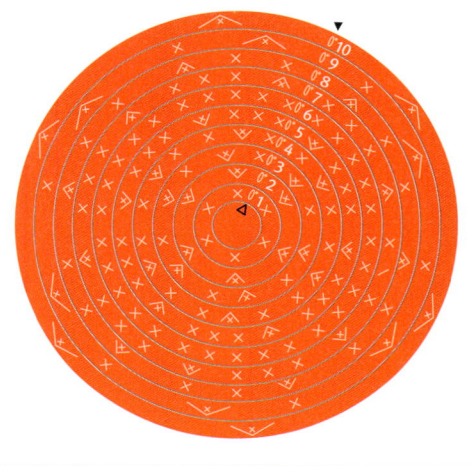

단수	1	2	3	4	5	6	7	8	9	10
콧수	6	12	18	24	30	30	24	18	12	6

토마토(대)

단수	1	2	3	4	5	6
콧수	6	12	18	24	30	36

단수	7	8	9	10	11	12
콧수	36	30	24	18	12	6

5 사슬뜨기로 20코를 만들고, 짧은뜨기 22단을 떠서 노란색
치즈를 만든다.

치즈(1개)

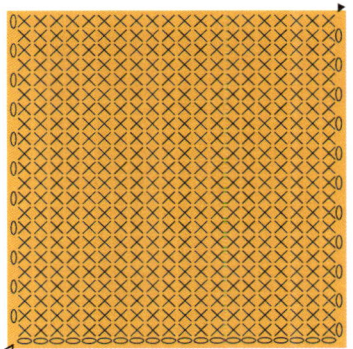

0	사슬뜨기
✕	짧은뜨기
△	시작
▲	끝

· 만드는 법 ·

2개의 햄버거 빵 사이에 온하는 순서대로 내용물을 넣는다.

햄버거 빵
토마토
양상추
치즈
고기 패티
상추
햄버거 빵

㉚ 커다란 원형 숄더백

부피가 큰 물건도 멋스럽게 담을 수 있는 커다란 원형 숄더백을 만들어보았어요.

가방에 아웃포켓이 있으면 참 편리한데, 아웃포켓은 가방의 심플함을 방해하지요.

군더더기 없는 디자인과 실용적인 포켓이라는 두 마리 토끼를 모두 잡고 싶은 마음에

가방과 같은 색의 실로 아웃포켓을 만들어서 감쪽같이 달았어요.

실용적일 뿐만 아니라 디자인 포인트로도 예뻐서 무척 마음에 듭니다.

커다란 원형 숄더백

바늘 모사용 코바늘 8호

실 색상 베이지색, 코코아색, 하늘색, 파란색,

기타 면 원단, 가죽 가방끈

게이지 원 모티브 A(1~4단)=8cm

완성 크기 41cm×41cm (가방끈 길이 제외)

• 뜨는 법 •

32단 원 모티브로 가방의 앞면을 뜬다. 182쪽의 배색표를 참고한다.

가방 앞면, 주머니

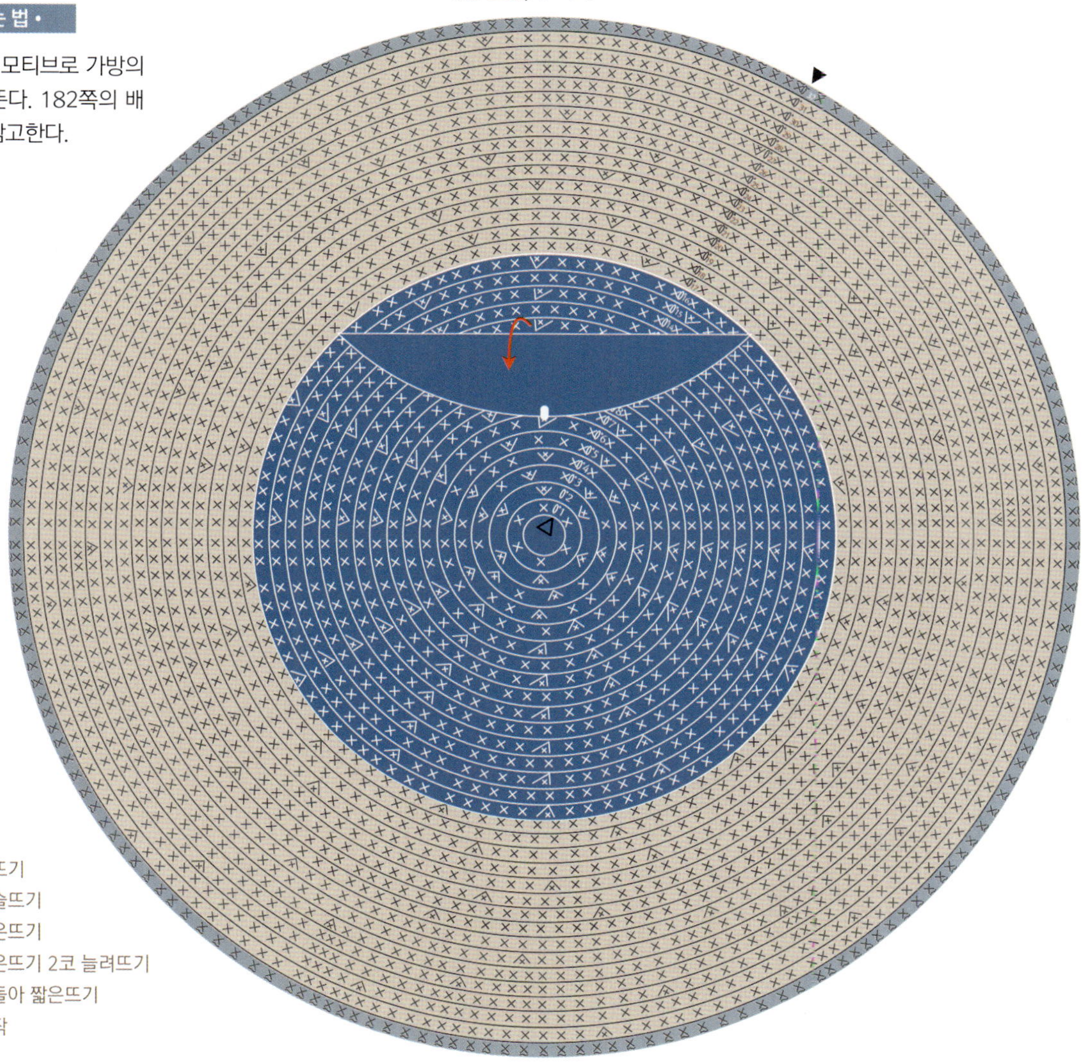

- ● 빼뜨기
- 0 사슬뜨기
- × 짧은뜨기
- ⩔ 짧은뜨기 2코 늘려뜨기
- ⨯̃ 되돌아 짧은뜨기
- △ 시작
- ▲ 끝

단수	1	2	3	4	5	6	7	8	9	10	11
콧수	6	12	18	24	30	36	42	48	54	60	66

단수	12	13	14	15	16	17	18	19	20	21	22
콧수	72	78	84	90	96	102	108	114	120	126	132

단수	23	24	25	26	27	28	29	30	31	32
콧수	138	144	150	156	162	168	174	180	186	186

2 주머니는 파란색 실 2줄로 16단 원 모티브를 만들어 완성한다.

가방 앞면 배색표

단수	색상
1~16	파란색(2)
17~31	베이지색(2)
32	하늘색(1) + 코코아색(1)

가방 뒷면 배색표

단수	색상
1~16	베이지색(2)
17~31	코코아색(2)
32	하늘색(1) + 코코아색(1)

주머니 배색표

단수	색상
1~16	파란색(2)

· 만드는 법 ·

1 주머니를 가방 앞면에 꿰맨다. 주머니 입구 부분을 한 뼘 가량 남겨놓고 돗바늘을 이용해 파란색 실 1줄로 주머니 둘레를 꿰맨다. 주머니 입구 중앙에 베이지색 실로 포인트 한 땀을 뜬다.

2 하늘색 실 1줄+코코아색 실 1줄을 합사하여 가방 옆면을 만든다.

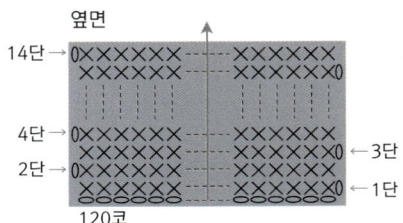

단수	콧수
1~14	120코

3 가방의 앞뒷면과 옆면을 연결한다. 앞면의 하단 중앙과 가방 옆면의 중앙 지점을 마주보게 한 뒤 두 면을 함께 잡고 가방 앞면의 둘레를 따라 되돌아 짧은뜨기(13p 참고)로 함께 32단을 뜬다.

4 가방 뒷면도 가방 옆면과 겹쳐 잡은 뒤 되돌아 짧은뜨기로 32단을 뜨면서 연결한다. 모두 가방 옆면과 같은 색의 실로 연결한다.

※두 면을 함께 뜨기가 어려운 경우, 앞면과 뒷면의 마지막 단(32단)을 각각 되돌아 짧은뜨기로 뜨고 난 후에 가방의 옆면은 돗바늘로 그냥 꿰맨다.

5 가방 안감을 만든다. 안감용 펠트지를 원 모티브의 지름보다 1cm 작은 크기로 2장 재단하여 가방 바닥의 안감을 만들고, 가방 옆면의 안감은 뜨개 가방 옆면 전체의 가로 길이보다 2cm 작게 재단한다. 그림을 참고하여 안감용 펠트지를 연결하고 바느질실로 시침질하거나 박음질한다.

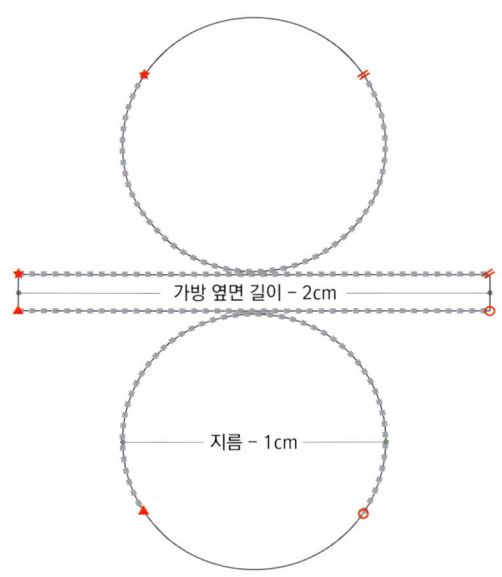

6 안감을 원 모티브 안쪽에 넣고 시침핀으로 고정한 뒤, 바느질 실로 펠트지 가장자리를 시침질하여 가방과 안감을 연결한다.

7 가방 윗부분 적절한 위치에 가죽 가방끈을 단다. 가방 윗부분 중앙을 중심으로 한 뼘 간격을 두고 달면 알맞다.

수작부리기의
코바늘
손뜨개
기초